국민을
위한
선거는
없다

이 책은 플랑드르문학재단의 번역지원금으로 번역되었습니다.
The translation of this book was funded by the Flemish Literature Fund.

국민을 위한
선거는 없다

—

다비트 판 레이브라우크 지음

양영란 옮김

갈라파고스

영국 국민은 자신들이 자유롭다고 생각하는데,

이들은 잘못 생각해도 한참 잘못 생각하는 것이다.

이들이 자유로울 수 있는 건

단지 의회 구성원을 뽑는 선거 기간뿐이다.

일단 의원들이 선출되는 즉시 영국 국민은 노예가 되어버린다.

아무것도 아닌 존재가 된다는 말이다.

장자크 루소,

『사회계약론Du contrat social』, 1762년

우리는 왜 선거를 통해서만
민주주의가 가능하다고 생각할까?

선거만능 vs 선거망국

"정치꾼은 다음 선거를 생각하고, 정치가는 다음 세대를 생각한
다." 오래전 이탈리아의 총리직을 역임한 어떤 분의 말이라는데, 요
즘 들어 부쩍 이 말이 귓가를 맴돌며 떠나지 않는다. 세밑을 맞아 선
거구 획정 문제가 마감 시한은 다가오는데 좀처럼 해결의 실마리가
보이지 않기 때문일까?

선거구 조정을 위한 타협안이 여야의 당리당략 때문에 한 발짝
도 앞으로 나아가지 못하고 지지부진이라는 소식을 접하는 마음은
씁쓸하다 못해 분노마저 치솟는다. 여야의 논의 과정 어디에서도 국
민의 염원이나 국익이라는 관점은 보이지 않는다. 그저 어느 당이 몇
석을 더 차지하느냐는 진영 이기심, 그 자리에 어떤 이가 공천한 어

느 인물이 후보로 나설 것인지에만 신경을 곤두세우는 개인적 이해타산만 있을 뿐이다. 국민들이 뽑아준, 국민의 마음을 대변해야 하는 국회의원이라는 말이 무색할 정도다.

생각해보면 선거는 언제나 한바탕 소란스러운 이벤트, 합의보다는 분열을 조장하는 장치였던 것 같다는 허탈함을 느끼는 사람은 나 혼자뿐일까?

고 3때 주민등록증이라는 신분증을 발급 받은 후, 대학생이 되어 생전 처음 선거인 명부에 이름을 올렸을 때의 흥분과 뿌듯함도 잠시, 제일 먼저 맞이한 선거는 이른바 '체육관 선거'라고 불리던, 대통령을 뽑기 위한 통일주체국민회의 대의원을 뽑는 선거였다(그러니까 당시에는 대통령을 국민이 직접 뽑는 것이 아니라 국민의 선택을 받은 대의원들만 대표로 참여하여 투표권을 행사하는 간접 선거였다). 한마디로 그다지 축제 같지 않은 약간 김새는 선거였으므로, 국민의 소중한 권리라는 투표권을 기꺼이 포기한 채 투표소를 외면한 사람들도 많았던 것으로 기억한다.

『국민을 위한 선거는 없다』라는 다분히 반동적이면서 동시에 '섹시한' 제목과 달리 이 책은 매우 차분하고 지적이면서 미래지향적인 내용으로 충만하다. 고대 그리스 시대부터 민주제가 운영되어 온 역사를 비롯하여 선거 제도의 유래, 현재 민주주의가 안고 있는 문제에 대한 진단과 처방, 선거만이 능사가 아니라는 판단에 입각한 새로운 방안 모색 등을 실제 사례를 곁들여가며 진지하고 꼼꼼하게 짚어본다.

이제는 민주주의의 동의어처럼 혼동되어 사용되는 탓에 아무도 그 유래를 깊이 파고들어보지 않았던 선거, 과연 무엇이 문제일까?

저자에 따르면 선거란 본래 누군가를 선출하기 위한 도구가 아니라 합의에 도달하기 위한 수단이었다. 교황 선출, 베네치아 도제 선출 방식 등이 이를 보여주는 좋은 사례들이다. 그러던 것이 18세기 미국 독립, 프랑스 대혁명 등을 거치면서 오늘날 우리가 알고 있는 제도, 즉 무리 중에서 가장 나은 사람을 뽑는 '소수특권적인' 방식으로 변질되었다는 것이다.

문제는 여기서 발생한다. '가장 나은 사람'을 판단할 기준이 무엇이냐의 문제는 차치하고라도, '가장 나은 사람'이 자기보다 훨씬 못한 사람들의 처지를 어떻게 알아서 그들의 마음을 대변할 수 있겠느냐는 아주 근본적인 문제가 부상할 수밖에 없는 것이다.

선거 망국이라는 과격한 표현까지 등장할 정도로 선거 제도에 문제가 많은 것은 사실이지만, 고대 그리스에 비해 인구 규모만 보더라도 엄청나게 팽창한 오늘날의 사회에서 모두가 참여하는 직접 민주주의를 실시하자는 것은 전혀 현실성 없고 무책임한 제안임을 누구보다 잘 아는 저자는 '제비뽑기'라는 다소 뜬금없게 보일 수 있는 대안을 제시한다.

선거 vs 제비뽑기

무작위 추첨으로 뽑힌 사람들도 효율적인 교육과 진지한 토론 과정을 거치면(선거로 뽑힌 현행 국회의원들도 각종 전문위원회, 공청회 등을 통해서, 적어도 원칙적으로는 그렇게 한다) 얼마든지 합리적이고 설득력 있는 결론에 도달하며, 실제로 이를 입증해주는 사례 또한 풍부하다는 것이다(유럽이나 캐나다 등지에서는 크고 작은 여러 이슈들에 관해 이와 같은 실험이 활발하게 진행되고 있으나, 우리나라의 경우 현재 제비뽑기를 통한 시민 참여는 국민 참여재판이라는 배심원제도에서나 찾아볼 수 있다).

제비뽑기를 도입하는 방식은 얼마든지 다양하게 열려 있다. 백 년대계라시 4년 내지 5년 임기의 정치꾼들의 손에만 맡기기에는 너무도 원대한 교육 문제나 대대손손 물려가며 소중하게 아껴야 할 환경에 관한 문제 등 특별한 주제를 제비뽑기로 뽑힌 국민들에게 의뢰하는 방식, 또는 양원 가운데 하나를 제비뽑기 의원들로 대체하는 방식, 새로운 원을 만드는 방식 등, 기존의 선거 출신 의원들과의 공존을 유지하되 점진적으로 모든 것을 바꿔나가는 방식에 이르기까지 조합방식은 무궁무진하다. 문제는 지나치게 기득권에 집착하지 않고 새로운 방식에 마음을 여는 것이다. 아, 솔직히 나는 이 대목을 읽으면서 태어나서 처음으로 나도 제비뽑기 국민 대표가 되어 정치에 참여하고 싶다는 마음이 들었다! 우리 아들딸들에게 살맛나는 세상, 더 나은 세상을 물려주기 위해서라면 나뿐 아니라 이제껏 '다음 선거만 생각하는 정치꾼' 때문에 정치에 피로감과 염증을 느끼다 못해 무관심해진 많은 사람들이 기꺼이 머리를 맞대려고 하지 않을까?

　민주주의가, 아니 대의민주주의가, 아니 보다 더 정확하게는 선거를 통한 대의민주주의가 피곤하다고 느끼는 사람들 모두에게 이 책을 꼭 읽어보라고 권하고 싶다. 선거만이 민주주의를 살뜰하게 키워나갈 유일한 방법이 아님을 깨닫게 될 것이다. 그 깨달음을 실천으로 옮기려는 사람이 많아질수록 현재 선거망국병을 앓고 있는 민주주의가 한시라도 빨리 자리를 털고 일어나 건강한 내일을 준비하게 될 것이다.

2016년 1월
양영란

차례

1장

정치를 위협하는 민주주의 피로감 증후군

열광과 불신, 민주주의에 대한 엇갈린 시선

민주주의와 관련해서는 한 가지 희한한 점이 있다. 모두가 민주
주의를 열망하는 것 같긴 한데, 실제로는 더 이상 아무도 민주주의를
믿지 않는다는 점이다. 세계 각국의 각종 통계만 살펴봐도 점점 더
많은 사람들이 그 점에 동의한다는 사실을 충분히 확인할 수 있다.
국제적 차원의 대규모 여론조사 프로그램인 월드 밸류 서베이World
Values Survey는 지난 여러 해 동안 57개국 7만 3,000명이 넘는 주민들
(이는 전 세계 인구의 85퍼센트가량을 대표하는 표본이다)에게 물었다.
민주주의가 당신이 속한 나라를 통치하기에 적합한 방식이냐는 질문
에 91.6퍼센트 이상이 긍정적으로 답했다.[1] 전 세계적으로 민주주의
라는 개념에 우호적인 사람의 비율이 이처럼 높이 나타난 적은 일찍
이 없었다.

이토록 열광적인 반응은 다른 모든 것을 떠나 우선 경이롭다. 특

히 불과 70년 전만 해도 민주주의가 상당히 곤란한 상황에 처해 있었음을 고려한다면 더 놀라울 수밖에 없다. 2차 세계대전이 막을 내렸을 무렵, 지구상에 민주주의라는 용어에 합당한 국가는 고작 12개국에 지나지 않았다. 파시즘, 공산주의, 식민주의가 세상을 어지럽힌 결과였다.[2] 민주주의라는 계량기의 바늘은 서서히 움직이기 시작했다. 1972년에는 자유민주주의를 신봉하는 국가가 44개국이었던 반면,[3] 1993년에는 72개국으로 급증했다. 오늘날에는 지구상 195개국 가운데 선거 민주주의, 다시 말해서 선거라는 절차를 거친 민주국가가 무려 117개국에 달한다. 이들 가운데 적어도 90개국 정도는 실질적인 민주주의 국가로 추정된다. 인류 역사상 오늘날처럼 많은 민주주의 국가가 존재했던 적은 이제껏 없었으며, 이러한 형태의 국가에 지지를 보내는 자가 이토록 많았던 적도 없었다.[4]

하지만 이런 열광은 썰물처럼 잦아드는 추세다. 실제로 앞서 인용한 월드 밸류 서베이는 전 세계적으로 "선거나 의회의 입장을 고려할 필요가 없는 강력한 지도자"에 대한 요구가 최근 10년 사이에 눈에 띄게 증가했으며, 이와 반비례하여 의회와 정부, 정당에 대한 신뢰는 역사적으로 유례가 없을 정도로 곤두박질쳤음을 보여준다.[5] 요컨대 민주주의라는 개념에 대해서는 모두가 호감을 표시하나 그 개념을 실천으로 옮기는 데 있어서는 그렇지 않음을, 아니 적어도 그것이 실행되는 현재의 양상에 대해서는 전혀 호의적이지 않은 상황이 연출되는 것 같다.

이렇게 민주주의에 대한 신뢰가 감소하는 이유에 대해 부분적으로는 신생 민주국가들 탓이라고 말할 수 있다. 베를린 장벽이 무너지고 20년이 지난 오늘날, 예전에 동유럽에 속했던 여러 나라들에서 특히 이와 같은 환멸이 두드러지게 나타난다. '아랍의 봄' 또한 민주적인 여름으로 이어질 가능성이 매우 희박하다. 선거가 거행된 나라(튀니지, 이집트)에서조차 많은 사람들이 새로운 체제의 어두운 면을 발견하는 중이다. 때문에 민주주의를 처음으로 접하는 사람들은 실천이 이상처럼 장밋빛이 아니라는 씁쓸한 사실을 배우게 된다. 이런 경향은 그들이 몸담고 있는 나라의 민주화가 폭력, 부패, 경제불황과 불가분의 관계에 있을 경우 한층 더 첨예하게 나타난다.

하지만 그것만으로는 설명이 충분하지 않다. 민주주의가 굳건하게 뿌리를 내렸다고 평가되는 나라들마저도 점점 더 자주 민주주의에 이끌리면서도 그것을 배척하려 하는 상반된 현상과 대면해야 하는 형편이다. 유럽만큼 이러한 역설이 뚜렷하게 관찰되는 곳은 지구상 어디에도 없다. 민주주의라는 개념은 역사적으로 볼 때 유럽에 그 뿌리를 두고 있으며 오늘날에도 여전히 전폭적인 지지를 받고 있다. 그럼에도 실질적인 민주제도에 대한 신뢰도는 눈에 띄게 감소한 것이 사실이다. 2012년 가을, 유럽연합의 공식적인 여론조사 기관인 유로바로메트르Eurobaromètre는 유럽인들 가운데 겨우 33퍼센트만이 유럽연합에 신뢰를 표시했다고 발표했다(2004년에만 해도 이 비율은 그래도 50퍼센트는 되었다!). 개별적인 각국 의회와 정부에 대한 신뢰도는 이보다도 더 낮아서, 각각 28퍼센트와 27퍼센트에 머물고 있다.[6] 이러한 수치는 지난 몇 년간의 결과를 놓고 볼 때 가장 낮은 수치다. 오늘날, 자국의 정치 생태계를 구성하는 각종 제도나 기구에 대해서 경계심 또는 불신감을 갖는다고 말하는 사람들이 3분의 2, 아니 4분의 3 정도에 이른다. 비판적 시민의식이란 원래 일정 수준의 회의주의를 근저에 깔고 있다는 점을 감안하더라도, 과연 이러한 불신이 어느 정도까지 증대될 것이며 어느 수준에 이르면 건강한 불신이 진정한 적개심으로 변하게 되는지에 대해서는 충분히 의문을 품어볼 만하다.

최근에 발표된 통계 수치는 이러한 불신과 경계심이 유럽 전역에서 얼마나 폭넓게 확산되었는지를 잘 보여준다. 불신감은 엄밀한 의미에서 정치기관에만 한정되지 않고 우체국이나 보건체제 또는 철도 관련 부서와 같은 공공부문으로도 퍼져나가고 있다. 정치적 신뢰란 그보다 훨씬 광범위한 세태를 구성하는 하나의 요소에 불과하다. 그러나 민주주의가 낳은 각종 제도들을 놓고 볼 때, 가장 심각한 불신에 직면한 기관은 단연 정당들이다. 10점 만점으로 점수를 매겼을 때, 유럽 시민들은 정당에 3.9점을 주었다. 정부는 정당보다 아주 조금 높은 점수(4점)를, 의회는 그보다 약간 더 나은 점수(4.2점)를 받았다. 언론도 후한 점수를 받지 못하긴 마찬가지다(4.3점).[7]

그런데 이러한 불신은 상호적이라는 점에 주목할 필요가 있다. 네덜란드 출신 학자인 페터르 카너Peter Kanne는 최근 헤이그에서 정당 정치인들이 네덜란드 사회를 바라보는 시선에 대한 매우 흥미로운 연구를 발표했다. 네덜란드 정부의 엘리트들 가운데 87퍼센트는 자신들을 혁신적이며 자유를 존중하고 국제적으로 개방되어 있다고 평가했다. 반면 이들 엘리트들의 89퍼센트는 일반 대중들의 사고방식이 전통적이고 민족주의적이며 보수적이라고 보았다.[8] 따라서 대다수 정치인들은 원칙적으로 일반 시민들이 그들과는 다른 가치관을 갖고 있으며, 이들의 가치관은 정치인들 자신의 가치관에 비해 덜 고결하다는 생각을 전제로 한다고 볼 수 있다. 이와 동일한 결과가 유럽이 아닌 다른 지역에서도 관찰되지 않으리란 법은 없다.

다시 시민의 관점으로 돌아오자. 이러한 불신을 설명하기 위해 흔히 제시되는 동기들 가운데 하나로 무관심apathie을 들 수 있다. 개인화와 소비자중심주의 경향이 시민의 비판적 참여의식을 약화시켜 결국 민주주의에 대한 믿음마저 미지근하게 식혀버렸을 것이라는 해명이다. 오늘날 시민들은 기껏해야 우울한 무관심 속에서 표류하면서 정치 이야기가 나오면 곧바로 화제를 돌려버리기 일쑤다. 이를 가리켜 시민이 "체념 상태에 이르렀다"고들 이야기한다. 하지만 이는 반드시 현실에 부합하는 표현이라고 할 수 없다. 물론 적지 않은 사람들이 정치에 대해서 지극히 제한적인 관심만 보이는 건 사실이다. 하지만 늘 이런 자들이 다수를 대변해왔다. 이들의 관심이 최근 들어서 유난히 줄어들었다고 볼 수는 없다는 말이다. 각종 연구 결과들은 오히려 이와 반대로 정치에 대한 관심은 어제에 비해 오늘 더 커졌음을 보여준다. 사람들은 예전에 비해 훨씬 더 자주 친구, 가족 혹은 동료들과 정치에 대해 이야기를 나눈다.[9]

그러므로 무관심의 물결이 몰아친다고 말해서는 안 된다. 그렇다면 우리는 일단 안심해도 좋은 걸까? 그건 조금 더 살펴봐야 한다.

정치에 대한 관심이 증가하는 반면 정계를 향한 신뢰는 곤두박질치는 시대는 분명 폭발적인 무언가를 지니고 있다. 실제로 시민이 생각하는 것과 정치인이 실행으로 옮기는 것 사이의 괴리, 시민으로서 반드시 필요하다고 느끼는 것과 시민이 보기에 국가가 소홀히 하는 것 사이의 괴리는 커져만 간다. 사정이 그렇다면 자연히 좌절감이 생기게 마련이다. 점점 더 많은 시민들이 그들이 점점 덜 신뢰하는 권력 당국의 일거수일투족을 점점 더 치열하게 지켜보게 되면 한 나라의 안정성에는 어떤 결과가 초래될 것인가? 하나의 정치체제는 자신에게 쏟아지는 비아냥 섞인 시선을 어느 정도까지 감내할 수 있을까? 그리고 누구나 온라인상에서 자신의 의견을 표현하고 자신의 열정을 남들과 공유하는 시대에 이러한 조롱 섞인 시선들이 언제까지고 시선으로만 남아 있을 것인가?

우리는 1960년대와는 정반대되는 세상에 살고 있다. 그 당시에 시골 아낙은 정치에 완전히 무관심하면서 동시에 정치를 절대적으로 신뢰할 수 있었다.[10] 여러 사회학 연구 자료들에서 드러나듯이, 농촌 아낙은 의심이라는 것을 몰랐으며, 이러한 절대적 신뢰가 서유럽 지역의 상당 부분을 특징짓는 요소였다. 그러므로 당시 상황을 '무관심과 신뢰'라는 말로 요약한다면, 오늘날에는 '열광과 불신'이 슬로건이 되어버렸다고나 할까. 우리는 격랑의 시대에 살고 있다.

정당성의 위기: 조각난 지지율, 알 수 없는 유권자의 표심

민주정치, 귀족정치, 과두정치, 독재정치, 전제주의, 전체주의, 절대주의, 무정부주의 등, 모든 정치체제는 두 가지 근본적인 기준 사이에서 균형점을 찾아야 한다. 바로 효율성과 정당성이다. 효율성이란 '하나의 정부가 당면한 문제들에 대해 실질적인 해결책을 가동시키기까지 얼마나 오랜 시간이 걸리는가?' 라는 질문에 응답한다. 한편 정당성은 '주민들은 정부가 제시하는 이 해결책에 어느 정도 동의하는가?' 라는 질문과 관련지어 생각할 수 있다. 바꿔 말하자면 효율성은 행동하는 역량을, 정당성은 공적 행위에 대한 시민들의 지지도를 의미한다. 이 두 가지 기준은 일반적으로 반비례한다. 독재주의는 아마도 가장 효율적인(모든 결정을 단 한 사람이 내리면 그뿐이다) 정부형태일 테지만 독재주의가 지속적인 지지를 얻는 경우는 매우 드물다. 반대로 어떤 결정을 내릴 때마다 매번 모든 주민들을 끝도 없이 설득해야 한다면 주민들의 동의는 얻을 수 있겠지만 행동에 옮기는 역량에서는 비효율성을 벗어나기 힘들 것이다.

민주정치가 그래도 가장 덜 나쁜 통치 형태로 인식 되는 건 바로 이 두 가지 기준을 충족시키려고 시도하기 때문이다. 모든 민주국가는 정당성과 효율성 사이에서 건강한 균형을 찾으려 한다. 그리고 그 과정에서 때로는 정당성에 대해, 때로는 효율성에 대해 비판을 받는다. 그럴 경우 체제는 갑판 위에 선 뱃사람이 배의 흔들림에 따라 한쪽 다리에서 다른 다리로 무게를 이동시키는 것처럼 때로는 전자 쪽으로 때로는 후자 쪽으로 중심을 옮겨가면서 균형을 잡는다. 그런데 오늘날 서구 민주국가들은 정당성과 효율성의 위기에 동시에 당면한 상태다. 요컨대 매우 예외적인 상황에 놓여 있는 형편이다. 배의 비유로 돌아가자면 이는 더 이상 약간 흔들리는 정도가 아니라 완전히 폭풍 한가운데 놓여 있는 셈이다. 이 상황을 이해하기 위해서는 언론에 대두되는 일이 거의 없는 몇몇 통계자료를 살펴볼 필요가 있다. 여론조사라는 각각의 자잘한 파도나 그때그때의 선거 결과만 관찰하는 데 매달리다 보면 광범위한 바다의 움직임과 날씨 변화의 구조를 놓치기 십상이기 때문이다.

이제부터 전개될 내용에서 나는 여러 나라에서 이루어지는 국가 차원의 통치 형태를 분석하려 한다. 물론 통치에는 무시할 수 없는 각각의 고유한 역학과 상호작용에 따라 움직이는 지역, 지방, 초국가 같은 여러 층위가 동시에 존재한다. 하지만 여러 층위 가운데 국가라는 차원이 대의 민주주의의 건강 상태를 살피는 다각적 연구에 가장 적합하다.

정당성의 위기는 부인할 수 없는 세 가지 증세를 통해 드러난다. 우선 투표에 참가하는 사람들의 수가 점점 줄어드는 현상이 첫 번째 증세다. 1960년대만 해도 유럽의 유권자 85퍼센트 이상이 투표에 참가했다. 1990년대에 들어와서 투표율은 79퍼센트 밑으로 떨어지더니 21세기에 와서는 77퍼센트를 밑돌았다. 이는 2차 세계대전 이후 가장 낮은 기록이다.[11] 절대적인 숫자로 환산해서 말하자면, 유럽 유권자 수백만 명이 투표소에 가기를 기피한다는 말이 된다. 그리고 머지않아 이 비율은 유권자의 4분의 1에 도달할 전망이다. 미국의 경우 상황은 한층 더 비관적이다. 대통령 선거의 투표율이 60퍼센트를 밑돌고 중간선거의 경우는 고작 40퍼센트 선에서 맴돌기 때문이다. 선거 불참은 서구 사회에서 가장 중요한 트렌드로 자리 잡아 가고 있지만, 아무도 이 문제에 대해 진지하게 언급하지 않는다. 벨기에의 경우, 투표 의무화로 선거 불참자 비율은 이보다 훨씬 낮긴 해도(10년 전부터 이 비율은 10퍼센트 정도에서 유지되고 있다), 꾸준하게 증가하는 추세를 보인다는 점에서 트렌드를 크게 벗어나지 않는다. 1971년에는 불참 비율이 4.91퍼센트였는데 2010년에는 10.78퍼센트까지 올라간 것이 이를 뒷받침한다.[12] 2012년에 치러진 벨기에 지방선거는 언론을 통해 대대적으로 홍보했음에도 지난 40년 동안 가장 낮은 투표율이라는 불명예를 기록했다. 안트베르펜 또는 오스텐더 같은 도시에서는 선거 불참 비율이 15퍼센트를 웃돌았다.[13] 안트베르펜의 경우 이 숫자는 특별히 충격적이었는데, 시장 자리를 놓고 벌인 선거전이 여러 달 동안 전국 언론을 거의 도배하다시피 했기 때문이다. 2012년 9월에 거행된 네덜란드 국회의원 선거에서는 무려 26퍼센트의 유권자들이 투표소에 가지 않았다.[14] 1967년 이 나라의 선거 불참 비율은 7퍼센트에 불과했다.[15] 시민들이 민주주의가 기능하기 위한 기본이 되는 절차인 선거에 더 이상 참여하기를 원하지 않을 경우, 서구 민주주의는 심각한 정당성의 위기를 맞게 될 것이다. 이런 상황에서 의회가 여전히 민의를 대변한다고 할 수 있을까? 전체 의석의 4분의 1은 4년 동안 임자 없이 빈 채로 남아 있어야 하는 건 아닐까?

두 번째 증세로는 기권과 더불어 유권자들의 투표 성향이 종잡을 수 없다는 점을 꼽을 수 있다. 투표소를 찾는 유럽 유권자들은 점점 줄어들 뿐만 아니라 이들이 행사하는 표의 향방은 점점 더 변덕스러워지는 경향을 보인다. 여전히 투표하는 사람들의 경우, 아마도 아직은 선거라는 절차의 정당성을 인정한다고 생각할 수 있다. 그러나 이들이 어떤 특정한 정당에 투표하는 충성도는 점점 낮아지는 것이 사실이다. 이는 이들을 대표하도록 인정받은 정치 조직이 전통적으로 그들의 지지 기반을 형성해왔던 유권자들로부터 지극히 일시적으로만 지지를 받는다는 뜻이다. 이러한 맥락에 대해 정치학자들은 '유권자들의 급변동성'이라고 말하며, 이 같은 현상이 1990년대 이후 뚜렷하게 증폭되었다고 진단한다. 지지율이 10, 20퍼센트 정도는 말할 것도 없고, 심지어 30퍼센트까지 변화를 보이는 경우도 드물지 않다. 바야흐로 유동층 유권자들이 지배하는 시대가 되었다. 선거철에만 밀물처럼 지지하는 경향이 점차 보편화되어가는 형편이다. 최근 발표된 한 연구는 "21세기에 들어와 치러진 선거들은 이러한 경향을 분명하게 확인시켜준다"고 지적한다. "오스트리아, 벨기에, 네덜란드, 스웨덴은 극우파들의 갑작스러운 부상(2002년 네덜란드 선거) 또는 그에 못지않게 갑작스러운 극우파의 쇠퇴(2002년 오스트리아 선거) 등 서유럽 역사상 가장 불안정한 선거 결과를 초래함으로써 이제까지의 기록을 갈아치웠다."[16]

세 번째 증세로는 정당에 가입하는 사람들의 수가 점점 줄어드는 현상을 들 수 있다.[17] 유럽연합 회원국들 가운데, 어떤 정당에라도 가입한 유권자는 고작 4.5퍼센트에 불과하다. 이는 물론 평균치에 해당한다. 벨기에의 경우는 유권자의 5.5퍼센트(1990년만 하더라도 이 비율은 9퍼센트 선이었다)가 당원증을 소유한 반면, 네덜란드에서는 이 비율이 2.5퍼센트(1980년에는 4.3퍼센트)밖에 되지 않는다. 정당 가입 비율이 꾸준하고도 규칙적으로 감소하는 현상은 어디에서나 관찰된다. 최근의 학술연구는 이러한 현상에 대해 "경악을 금치 못한다"고 평가했다. 이 논문의 저자들은 체계적인 분석 끝에 다음과 같은 결론에 도달했다.

극단적인 경우(오스트리아, 노르웨이), 이와 같은 출혈은 10퍼센트를 넘기기도 하며, 그렇지 않은 경우 5퍼센트 정도에 머문다. 이 외에도 포르투갈, 스페인, 그리스(이들 국가에서는 1970년대에 들어와서야 비로소 민주정치가 구현되기 시작했다)를 제외한 모든 나라들에서는 오랜 기간을 관찰해볼 때 정당에 가입하는 시민의 절대적 숫자가 확연하게 줄어들었다. 영국, 프랑스, 이탈리아 등지에서는 100만 명 혹은 그 이상이, 독일에서는 50만 명 정도가, 오스트리아에서도 역시 같은 수준으로 줄었다. 영국, 노르웨이, 프랑스의 경우 정당들은 1980년 이후 당원을 절반 이상, 스웨덴, 아일랜드, 스위스, 핀란드에서는 거의 절반가량 잃었다. 이는 매우 충격적인 숫자이며, 이를 통해서 우리는 정당에 소속된다는 것의 본질이나 의미가 심각하게 달라졌음을 잘 알 수 있다.[18]

민주주의 체제의 중요한 주역들인 각종 정치기구에 가입하는 사람들의 수가 점점 줄어들고 있다면, 이것은 민주주의 체제가 지니는 정당성에 어떤 영향을 끼치는가? 정당이 유럽에서 가장 불신 받는 기구라고 할 때, 과연 그 같은 상황이 지니는 심각성은 어느 정도인가? 그런데도 당사자인 정당들이 이에 대해 거의 걱정을 하지 않는 건 또 어찌된 영문인가?

내각을 구성하지 못하는 나라들

오늘날 민주정치는 정당성의 위기만 겪는 것이 아니다. 효율성 또한 매우 큰 동요를 겪고 있다. 어느 정도 명확하게 드러난 각양각색의 병폐들이 웅변적으로 말해주는 것은 적극적인 관리를 실천에 옮기기가 점점 더 어려워졌다는 점이다. 의회가 하나의 법안을 표결에 붙이기까지 때로는 15년이라는 긴 시간이 소요되기도 한다. 정부를 구성하는 일도 점점 어려워졌으며, 일단 구성이 된다고 해도 안정적으로 유지되지 못하는 사례가 빈번해지는 데다, 임기 말에는 유권자들에 의해 점점 더 혹독하게 심판을 받는 경향을 보인다. 참가하는 시민의 수가 점점 더 줄어들었음에도 선거는 효율성에 점점 더 장애가 되고 있다. 이번에도 나는 세 가지 증후를 열거해보겠다.

첫째, 정부를 구성하는 데 점점 더 오랜 시간이 걸리며, 복잡한 연립내각이 지배하는 나라일수록 이러한 현상이 심각하다. 2010년 선거가 끝난 뒤 1년 반 동안이나 정부를 구성하지 못하는 진기록을

세운 벨기에의 경우는 물론이고, 가장 최근 선거를 치르고 호된 어려움 끝에 비로소 정부를 구성한 이탈리아, 그리스를 봐도 그렇다. 네덜란드에서도 정부 구성은 점점 더 복잡해졌다. 전쟁이 끝난 후, 정부를 구성하기 위한 협상에 80일 이상의 시일이 소요된 내각은 9개다. 그중 5개가 1994년 이후에 구성된 내각들이었다.[19] 이렇게 된 데에는 여러 가지 이유가 있겠으나, 협상 기간이 나날이 연장되면서 연정을 구성하기 위한 동의 사항들의 내용이 날이 갈수록 세세해진다는 점이 분명 그 이유들 가운데 하나다. 이는 그 자체로 당황스럽기 짝이 없는 변화다. 그도 그럴 것이 세상은 그 어느 때보다도 예측 불가능한 시대로 접어들었다. 긴급한 시대적 요청에 유연하게 대처할 필요성은 높아만 가는데, 정책들은 아주 시시콜콜한 부분까지 협의를 거쳐야 하므로 시행에 들어가기도 전에 발목을 잡히는 양상을 보인다. 그런 만큼 연정을 구성하는 파트너들 간의 경계심은 커져만 가며 다음 선거에서 유권자들에게 '징벌'을 받을 수 있다는 불안감도 이에 못지않게 심화된다. 각 정당은 투자한 만큼 수확을 보장받기를 원하므로 최대한 많은 내용을 미리 못 박아 두고자 한다. 그래야만 정부 구성이라는 기치하에 각 정당이 추구하는 강령을 최대한 보장받을 수 있기 때문이다. 그 결과 협상은 세월아 네월아 끝도 없이 계속된다.

둘째, 정권을 잡은 여당은 점점 더 거센 공격에 시달린다. 대의정치체제하의 정부들에 대한 비교연구는 상대적으로 나이가 매우 어린 신생 학문이지만, 벌써 제법 흥미로운 몇몇 성과를 얻어내는 개가를 올렸다. 유럽의 선거 '보상'에 관한 연구도 의심할 여지없이 이 부류에 들어간다. 차기 선거에서 여당은 어떤 처지에 놓이게 되는 가? 1950, 60년대에는 내각 구성에 참여했던 정당의 경우 차기 선거에서 1~1.5퍼센트, 1970년대에는 2퍼센트, 1980년대에는 6퍼센트 가량 표를 잃었다. 그런데 세기가 바뀐 이후, 이 비율은 8퍼센트 혹은 그 이상으로 뛰었다. 핀란드, 네덜란드, 아일랜드 등지에서 가장 최근에 치러진 선거에서 여당은 각각 11, 15, 27퍼센트의 표를 잃은 것으로 집계되었다.[20] 정권을 잡았다는 이유 때문에 이처럼 혹독한 대가를 지불해야 한다면 도대체 누가 적극적으로 정치를 하겠다고 나서겠는가? 이런 식이라면 더그아웃에 죽치고 앉아 있는 것이 오히려 합리적인 전략이다. 어차피 국가에서 경비를 지원해주는 까닭에 그렇게 해도 정당 운영 자금에는 아무런 문제가 없으니 말이다.

셋째, 공공영역에서 행동에 나서는 데에 점점 더 많은 시간이 요구된다. 암스테르담의 남과 북을 잇는 지하철 노선 건설, 슈투트가르트 신新역사 건설, 안트베르펜 외부순환도로 건설, 낭트 국제공항 건설 같은 대규모 사회간접자본을 확충하는 공사들은 실현에 어려움을 겪고 있거나 아예 중단되는 경우가 속출하고 있다. 유럽의 각국 정부들은 과거에 비해 권위와 실권을 상당히 많이 잃었는데, 이는 수십 개에 달하는 지역 또는 초국가 단위의 기구들에 의해 통제를 받기 때문이다. 이러한 대규모 공사들이 예전에는 권위의 상징, 신기술의 총아로 각광을 받았다면 오늘날에는 행정적 악몽이나 되지 않으면 다행일 정도다. 자위데르제이 간척사업, 라인 강, 뫼즈 강 유역 델타 개간 사업, 테제베TGV 철도 사업, 도버 해협 해저터널 사업 같은 굵직한 토목사업이 주가를 올리던 시대는 이제 막을 내렸다. 터널을 뚫거나 다리를 놓는 건설 사업 따위는 손도 댈 수 없게 되었다면, 오늘날 각국 정부는 무엇으로 자신의 역량을 발휘할 수 있을까? 솔직히 그럴 수 있는 일은 별로 없다. 무슨 사업을 벌이건 각국 정부는 국가의 빚 때문에 손발이 꽁꽁 묶인 채 유럽연합이 제정한 법, 미국 신용평가사, 다국적기업, 각종 국제협약 앞에 내동댕이쳐질 것이기 때문이다. 우리가 살고 있는 21세기 초에 들어오면서 과거에는 국가의 근간으로 존중되었던 주권이 지극히 상대적인 개념으로 전락하고 말았다. 때문에 우리 시대가 맞이한 거대한 도전들(기후변화, 은행 위기, 유로화 위기, 경제위기, 조세회피처, 이민, 인구 과잉 등)은 각국 정부가 적절한 방식으로 해결하기 어려운 실정이다.

무력감이 우리 시대를 집약적으로 응축하는 말이 되었다. 각국 정부에 대한 시민의 무력감, 유럽에 대한 각국 정부의 무력감, 세계에 대한 유럽의 무력감. 각자는 자기 발밑에 깔린 폐허에 대해 경멸감만 잔뜩 안고서 높은 곳으로 시선을 돌려버리지만, 그 시선 속에는 희망과 신뢰가 아닌 절망과 분노가 담겨 있다. 오늘날 권력의 서열화란 서로를 헐뜯고 비방하는 자들로 가득 찬 사다리일 뿐이다.

정치는 이제까지 늘 가능한 것, 잠재적인 것을 다루는 기술이었지만 오늘날에 와서는 현미경처럼 아주 소소한 것만 들여다보는 기술로 전락했다. 구조적인 문제를 공격하지 못하는 무력함이 하찮은 문제들을 과하게 들춰내기 때문이다. 혼을 팔아버린 미디어 시스템

이 이를 부추긴다. 오늘날 미디어 시스템은 시장 논리에만 충실한 나머지 실제로 산적한 문제들을 분석하기보다는 시시한 갈등만 들춰내는 편을 선호한다. 오디오비주얼 시장의 파이가 점점 줄어드는 시기라면 특히 더 그렇다. 바꿔 말하면, 우리는 현재 다른 어느 시대보다도 변덕이 지배하는 시기를 살고 있다. 네덜란드 의회는 최근 이 문제에 대해 성찰했다. 의회의 자기분석위원회는 아래와 같이 통찰력 넘치는 보고서를 내놓았다.

차기 선거에서 살아남기 위해서 정치인들은 끊임없이 점수를 따고 싶어 한다. 점점 더 상업적 논리에 좌우되는 미디어는 기꺼이 이들이 필요로 하는 연단을 제공한다. 이로써 이 세 분야(정치, 미디어, 기업)는 모든 것이 수수께끼처럼 아래로 빨려 들어간다는 '버뮤다 삼각지대' 처럼 셋 중 어느 하나도 그 이유를 확실하게 찾아내지 못하는 상태에서 힘겨루기를 하다가 점차 서로를 마비시킨다. …… 정계와 미디어계의 상호작용은 사실 정치에서 '쟁점화incidentalisme'를 가속화하는 중요한 요인 가운데 하나로 보인다. 미디어는 뉴스거리를 먹고 산다. 기자들과 대담을 나누다 보면 크고 작은 쟁점들이 질적으로 수준 높은 토론보다—이러한 토론들이 분명 존재함에도 불구하고—훨씬 쉽게 미디어의 관심을 끈다는 것을 깨닫게 된다.[21]

'쟁점화'라니, 참으로 적절한 신조어가 아닐 수 없다. 숫자가 이를 입증해준다. 지난 수십 년 사이에 네덜란드 의회에서는 구두 질문이나 서면 질문, 각종 동의안 제출, 긴급 토론 등의 횟수가 가파르게 상승했다. 같은 비율로 텔레비전이 제공하는 정치 토크쇼 시청률도 올라갔다. 명실상부한 의원이라면 카메라가 돌아가는 동안 최대한 점수를 따야 한다. "국회의원들은 날이면 날마다 망설임 없이 '어안이 벙벙하다', '충격을 받았다', '매우 불쾌한 놀라움을 맛보았다'고들 말한다"고, 보고서 작성을 위해 만나본 의원들 가운데 한 명이 지적했다. "19세기 의회에는 명철한 의원들이 너무 많았다 싶지만, 오늘날에는 그런 분들이 너무 적다."22

정치인에게 자신의 존재를 알리고 싶은 욕구가 차분히 국가를 경영하고 관리하려는 욕구보다 강할 경우, 선거 열기가 만성 고질병이 되는 경우, 타협이 번번이 배신으로 매도될 경우, 편향적인 정치가 경멸과 야유를 야기할 경우, 집권당이 매번 차기 선거에서 혹독한 심판을 받게 되는 경우, 도대체 젊은 이상주의자들이 무엇을 바라고 정치에 입문하기를 원할 것인가? 의회는 빈혈 위험에 빠졌다. 의회가 열정적이고 새로우면서 젊은 피를 수혈받기란 점점 더 어려워지고 있다. 이것이 효율성의 위기가 초래하는 부차적 증세다. 정치인이라는 직업은 교사라는 직업과 같은 길에 들어섰다. 예전에는 고귀하고 명예로운 직업이었지만 지금은 비참한 직업이 되고 말았다는 뜻이다. 네덜란드에서 젊은 정치가 지망생을 모집하기 위해 제작한 소책자에는 '찾아내고 오래도록 붙잡아두기'라는 계시적인 제목이 붙어 있다.23

그런데 오래도록 붙잡아두기란 말처럼 쉽지 않다. 정치적 재능은 예전에 비해 훨씬 빨리 소진되기 때문이다. 유럽이사회 의장인 헤르만 반 롬푀이Herman Van Rompuy는 얼마 전 이 문제에 대해서 "오늘날 우리의 민주주의가 기능하는 방식은 무서울 정도로 빠른 리듬으로 사람들을 '마모' 시킨다. 우리는 민주주의가 제풀에 마모되지 않도록 경계해야 한다"고 말했다.[24]

　　이것이 효율성의 위기에서 핵심이다. 민주주의는 점차 모든 위세를 상실하게 되었지만, 희한하게도 그와 동시에 점점 더 소란스러워졌다. 오늘날의 정치인들은 낮은 목소리로 눈에 띄지 않는 구석 자리에서 자신의 무력함을 부끄럽게 여기며 자신의 행동반경이 지극히 제한적이라는 사실 앞에서 겸손해진 채 구시렁거리는 대신, 보란 듯이 지붕에 올라가 자신의 덕목을 소리 높여 외칠 수 있다. 아니 외쳐야만 한다(선거와 미디어 때문에 그들에게는 다른 선택의 여지가 없다). 그것도 두 주먹을 불끈 쥐고, 오금을 바짝 조이면서 최대한 입을 크게 벌리고 해야 한다. 그것이 에너지가 넘친다는 인상을 줄 수 있는 포즈이기 때문이다. 아니, 적어도 그러리라고 믿기 때문이다. 겸손하게 힘의 역학 관계가 바뀌었음을 인정하고 그에 걸맞은 새로운 형태의 통치 방식을 모색하는 대신 정치가는 미디어와 선거라는 두 개의 줄타기 놀이를 계속한다. 이는 솔직히 본인의 의사에도 반하고 시민의 의사에도 부합하지 않는다. 시민들은 사실 이러한 놀이에 슬슬 피로감을 느끼기 시작했다. 과장되고 인위적인 히스테리성 볼거리는 결국 아무에게도 신뢰를 주지 못한다. 효율성의 위기는 정당성의 위기마저 악화시킨다.

그리고 그 결과 서양 민주주의는 오늘날 가짓수가 무수히 많은 만큼 그 실체가 막연한 온갖 증세로 괴로워하는 처지가 되었다. 그런데 여기서 선거 불참, 선거 결과의 불안정성, 정당들의 출혈, 행정적 무능력, 정치적 마비, 선거 패배에 대한 두려움, 젊은 피의 고갈, 무조건 대중의 눈에 띄고 보자는 노출 충동, 만성적인 선거 열기, 심신의 진을 빼는 미디어 스트레스, 의심과 무관심, 그 외 고질적인 각종 병폐를 모두 나열해보면 하나의 증후군이라고 할 만한 것의 윤곽이 드러난다. 우리는 그것을 민주주의 피로감 증후군이라고 할 수 있다. 민주주의 피로감 증후군은 이제까지 체계적으로 검사된 적은 없으나, 상당수의 서양 민주국가들이 그 같은 증세를 보이고 있음은 부인할 수 없다. 그러니 이제부터 본격적인 진단에 들어가보자.

2장

왜 정치는 위협받고 있는가?

민주주의 피로감 증후군에 대한 다채로
운 분석들을 종합해서 진단해보면 크게 네 가지로 분류할 수 있다.
첫째, 정치가들 탓이다. 둘째, 민주주의 자체의 결함 탓이다. 셋째,
민주주의가 아니라 대의 민주주의가 잘못되었다. 그리고 마지막으로
세 번째 분석의 매우 특별한 변종인, 선거를 통한 대의 민주주의 탓
이다, 이렇게 네 가지다. 나는 방금 언급한 순서대로 이 진단들을 살
펴보려 한다.

정치인들 탓이라는 진단: 처방은 포퓰리즘?

정치인들이란 모름지기 출세주의자, 기생충 같은 자, 현실과 동
떨어져 있는 모리배라서 그저 자기들 주머니 채울 궁리만 하고, 일반
서민들이 어떤 삶을 어떻게 꾸려가는지에 대해서는 개념조차 없으니

사라지는 편이 나을 것이다. 이러한 비난은 이제 우리에게 익숙하게 다가온다. 대중의 인기에 영합하려는 포퓰리스트들은 노상 이 같은 비난을 입에 달고 산다. 이들이 내놓는 진단에 따르면, 민주주의의 위기는 다른 무엇보다도 정치를 담당하는 인물들 탓이다. 현재 정계 지도자들은 민주주의의 엘리트층을 형성하는데, 이 엘리트층은 일반 서민들이 필요로 하는 것, 이들에게 상처를 주는 것들과는 완전히 담을 쌓은 채 살아가는 계급이라는 것이 포퓰리스트들의 생각이다. 그러니 민주주의가 난기류 지역으로 들어선 것도 전혀 놀라운 일이 아니다!

유럽에서는 실비오 베를루스코니Silvio Berlusconi(이탈리아의 정치인, 기업인. 1994~1995년, 2001~2006년, 2008~2011년 세 차례 총리를 역임했다. 이탈리아 최대 미디어그룹인 미디어셋의 소유주이며 유명축구팀 AC 밀란의 구단주다. 막강한 재력을 바탕으로 세계대전 이후 최초로 이탈리아에서 우파연합 정권 창출에 성공했다―옮긴이), 헤이르트 빌더르스Geert Wilders(네덜란드의 극우 정치인으로 네덜란드 세 번째 정당인 자유당의 대표. 그가 이끄는 자유당은 극우주의, 유럽회의懷疑주의, 반反이슬람주의, 친親이스라엘주의를 표방한다―옮긴이), 마린 르펜Marine Le Pen(프랑스의 정치인, 변호사. 2011년부터 아버지가 이끌어오던 극우파 정당인 국민전선의 총재직을 맡고 있다―옮긴이)처럼 비교적 오래전부터 지도자로 자리매김한 자들이나 새로이 지도자로 부상한 나이젤 패러지Nigel Parage(영국의 정치인으로 독립당 대표―옮긴이), 베페 그릴로Beppe Grillo(이탈리아의 코메디언, 영향력 있는 블로거, 정치 활동가로 2009년 오성五星운동

MoVimento 5 Stelle이라는 정당을 창립했다—옮긴이) 같은 자들, 또는 '더 나은 헝가리를 위한 운동Jobbik', '진정한 핀란드인', '황금 새벽' 같은 정당들이 즐겨 늘어놓는 논리다. 이들은 민주주의 피로감 증후군에 대해 아주 간단한 처방을 제시한다. 더 나은 자질을 지닌 국민 대표들, 아니, 보다 포퓰리스트적인 국민 대표들을 의회로 보내야 한다는 것이다. 그러기 위해서는 물론 선거에서 그들이 이끄는 대중영합적인 정당의 득표율이 높아야 한다. 이러한 부류의 정당을 이끄는 지도자는 스스로를 민의의 직접적인 대변인, 민초들의 의견을 목청껏 외쳐대는 확성기, 심지어는 상식의 화신이라고 여긴다. 다른 정당에 속한 동료 정치인들과는 달리 이들은 길거리에서 만나는 필부들과 친하다고 강조한다. 이들은 생각하는 대로 말하며, 말한 대로 실행한다고도 주장한다. 포퓰리스트 정치인들은 대중과 한 몸이라는 수사학적 표현도 심심치 않게 입에 올린다.

그런데 이러한 주장은 우리가 잘 알듯이 그다지 설득력이 없다. 우선 오로지 한 방향으로만 내달리는 '대중'이란 존재하지 않는다 (사회는 매우 다양한 요소들로 구성되기 때문이다). 따라서 '대중감정'이라는 것도 존재하지 않으며, '상식' 또한 더 이상 이념적일 수 없는 것들의 집합체다. 상식은 그 자체가 이념이라 보기를 거부하는 이념이며, 스스로를 야생의 대지라고 철썩 같이 믿는 동물원에 불과하다. 대중의 가치관에 젖어들고 그들의 변화하는 욕구를 완벽하게 의식함으로써 유기적으로 대중 속에 녹아들 수 있다는 믿음은 정치라기보다는 신비주의에 속한다. 여기에 겉으로는 드러나지 않으면서 저변에 깔린 도도한 흐름 따위는 없다. 이건 그저 마케팅일 뿐이다.

포퓰리스트들은 말하자면 최대한 시장점유율을 높이려는 정계의 기업인들로서, 이들은 필요하다면 살짝 낭만적으로 보이는 키치 스타일에 도움 받는 것도 사양하지 않는다. 이들이 일단 권력을 잡으면 그 후 자신들과 다른 의견을 가진 사람들과 어떤 식의 관계를 맺을 것인지, 우리로서는 그 점에 대해 확실하게 알 수 없다. 민주주의란 권력을 쥔 다수가 그렇지 못한 소수를 존중하는 것이다. 그렇지 않으면 저 유명한 '다수의 독재'로 전락한다. 이는 원래의 목표와는 멀어도 너무 먼 것이 아닌가.

그렇기 때문에 포퓰리즘은 병든 민주주의를 위해서는 그다지 바람직한 해결책이 되지 못한다. 하지만 처방이 적절하지 못하다고 해서 진단마저 귀담아 들을 요소가 전혀 없는 것은 아니다.[1] 현재의 국민 대표 방식은 정당성 면에서 문제를 안고 있는 것이 사실이다. 그리고 이 점에 대한 포퓰리스트 정치인들의 지적은 옳다. 우리의 의회들을 놓고 볼 때, 의회 구성원들 가운데 고학력자의 비율이 지나칠 정도로 높기 때문에 학위 민주주의라고 말해야 할 지경이다.[2] 의회 구성원 모집 방식에도 문제가 있다. 예전에는 이들이 '사회에서 무엇인가를 대표하는 자들'이기 때문에 의원으로 선출되었다고, 사회학자인 J. A. A. 판 도른Jacobus Adrianus Antonius van Doorn(네덜란드의 사회학자, 광고 전문가, 칼럼니스트—옮긴이)이 지적했다. "그런데 오늘날에는 포퓰리스트 진영까지 포함하여 점점 더 많은 '직업 정치인들'이 의원 자리를 차지한다. 대개는 경험보다는 야심이 앞서는 젊은이들이다. 이들도 무엇인가를 대표하긴 한다. 유권자들에 의해서 선택되었으니 말이다."[3] 국회의원직을 전망이 꽤 괜찮은 직업, 다시 말해서 몇 년 동안만 한시적으로 공동체를 위해 봉사하는 것이 아니라 평생 직업으로 간주하는 요즘의 추세 또한 문제다. 이따금씩 의원 직이 아버지에서 아들로 대물림되는 경우도 있다. 플랑드르 지방에 서는 이런 식으로 '민주주의 왕가'가 탄생하기도 했다. 더 크로De Croo, 더 휘흐트De Gucht, 더 클레르크De Clercq, 판 덴 보스허Van den Bossche, 토박Tobback 같은 가문들이 벌써 활발하게 활약 중이다. 세간 에 잘 알려진 사람이라면 의원으로 진출하는 속도가 빠른 반면, "다른 사람들, 그러니까 유명하지 않은 사람은 지방의회의 의석도 얻지 못하는 것이 현실"이라고, 왕년에 잘 나가던 정치인 한 명이 사석에 서 털어놓았다.

내가 보기에 손사래질만 치면서 포퓰리즘을 반反정치적 형태라 고 멀리 밀어내는 것은 지적知的으로 그다지 성실하지 못한 태도 같 다. 포퓰리즘은 최선의 경우 대의의 정당성을 강화함으로써 민주주 의 위기에 대처하려는 시도로 해석될 수 있다. 포퓰리즘에 영합하는 자들은 혈기왕성하게 개입해서, 달리 표현하자면 최대한 완전한 수 혈을 통해 민주주의 피로감 증후군에 대항하고자 한다. 요컨대 새로 운 인물들을 대거 의회에 진출시키려는 것이다! 그렇게만 하면 나머 지는 저절로 다 해결될 테니까. 이러한 접근 방식에 반대하는 자들은 그럴 경우 과연 효율성도 개선될 수 있는지 묻는다. 이제까지와는 다 른 사람들이라고 해서 과연 운전을 더 잘할 것인가? 그들이 보기에 문제는 민주주의라는 배를 운행하는 인물에 있는 것이 아니라 민주주의라는 배 자체에 있다.

민주주의 탓이라는 진단: 처방은 관료주의?

민주주의적 방식에 따라 결정이 이루어지는 데 걸리는 기나긴 시간과 복잡한 절차는 일부 사람들에게 민주주의 체제 자체에 대해 회의하게 만든다. 좋은 예로 유로화의 위기가 초래한 거대하고도 긴박한 도전에 당면하면서, 가장 효율적인 체제를 모색하려는 움직임이 대두되었다. 이 경우 오래 생각할 것도 없이 관료주의가 해결책으로 부상한다. 관료주의 체제에서는 공동체 관련 업무들을 전문가 집단에게 맡기는데, 이들이 보유한 기술적 노하우가 험한 바다에서 암초를 피해가며 국가를 이끄는 데 적합하다고 믿기 때문이다. 관료들은 일종의 경영 관리자들로 이들이 정치인들의 자리를 대신한다. 이들은 선거에 신경 쓸 필요가 없다. 따라서 장기적 관점에서 숙고할수 있고 인기 없는 정책도 제안할 수 있다. 이들의 손에 들어가는 순간 실행에 옮겨야 할 정책들은 일종의 '토목공학', '문제 관리' 영역 소관이 된다.

흔히들 관료주의는 경제가 발전해야 한다는 생각에만 집착하는 불안한 일부 엘리트(재계)의 전유물이라고 생각한다. 그렇다면 하층민은 포퓰리즘, 엘리트는 관료주의를 지지한다, 이런 식이란 말인가? 전혀 그렇지 않다. 미국에서 실시한 한 연구 결과를 보면, 일반 서민들은 선거를 통해서 뽑히지 않은 전문가들이나 기업인들에게 권력을 위임하는 데 별 다른 이의를 제기하지 않는 것으로 나타났다. 제법 영향력 있는 책 『은밀한 민주주의Stealth Democracy』를 쓴 저자들 가운데 한 명은 "사람들은 권력을 갈구하는 자에게 위임하기보다 오히려 원하지 않는 자에게 위임하는 편을 선호한다고 볼 수 있다"고 평가했다. 대부분 시민들은 민주주의가 스텔스 전투기처럼 보이지 않으면서 효율적이기를 희망한다. "성공한 기업인들과 민간 전문가들은 특별히 남들에게 공감을 불러일으키는 재주는 없을지 몰라도, 재능과 역량을 겸비했으며 권력에는 무관심한 개인들이라는 인상을 준다. 대다수 사람들에게는 이것만으로 충분하다. 적어도 현재 국민의 대표라는 사람들보다는 낫다고 여기는 것이다."[4]

오늘날 확산되는 관료주의적 담론은 부분적으로는 1990년대에 유행하던 포스트정치적 사고pensée postpolitique에서 영감을 얻고 있다. 그 무렵은 '제3의 길Third Way politics', '신新중도die neue Mitte', '좌우동거 cohanitation' 등으로 점철된 시기였다. 이념적 차이란 이제 다 지나간 과거의 일에 불과하다고 믿었다. 수십 년 동안 이어진 투쟁이 끝나고 좌파와 우파가 손에 손을 맞잡고 함께 나아가게 되었다고 믿었던 것이다. 해결책은 분명히 있으니 그것을 실행에 옮기기만 하면 되며, 이것이 곧 '좋은 거버넌스good governance'의 문제라고 말했다. 이념 투쟁은 TNAThere is no alternative 원칙(영국의 보수 정치인 마가렛 대처 수상이 즐겨 쓰던 구호로 현대 사회가 발전하기 위해서는 자유시장, 자유무역, 자본주의 세계화 외에는 다른 대안이 없다는 의미—옮긴이)에 자리를 내주었다. 관료화의 초석이 놓인 셈이었다.

이보다 훨씬 최근에 들어와서는, 선거로 당선된 자가 아닌 행정부 수반이 지난 수년간 나라를 이끌어왔던 그리스, 이탈리아 같은 곳에서 이러한 관료화의 가장 극단적인 사례들을 볼 수 있다. 그리스의 루카스 파파데모스Loukas Papadimos는 2011년 11월 11일부터 2012년 5월 17일까지, 이탈리아의 마리오 몬티Mario Monti는 2011년 11월 16일부터 2012년 12월 21일까지 정권을 잡았다. 이들이 지닌 경제·금융 관련 전문성(한 사람은 은행가, 다른 한 사람은 경제학 교수)은 위기가 절정에 도달했던 시기에 커다란 장점으로 부각되었다.

관료주의는 이보다 눈에 덜 띄는 다른 많은 곳에서도 횡행하고 있다. 최근 몇 년 사이에 각국의 의회가 장악했던 권력의 상당 부분이 유럽중앙은행, 유럽이사회, 세계은행, 국제통화기금IMF 같은 초국가적 기구들로 이전되었다. 이러한 기구들은 민주적 선거로 선출된 자들이 아닌 자들에 의해 운영되므로, 이들이 정책을 결정하는 과정에는 엄청난 관료주의가 개입하는 셈이다. 다시 말해서 은행과 경제학자, 통화 분석가들이 권력의 핸들을 틀어쥐는 결과를 낳았다.

이러한 현상은 비단 국제기구에만 국한되지 않는다. 현대의 국가는 과거 민주주의적 공간이 누리던 역량을 다른 곳으로 돌림으로써 관료주의적 색채를 띠게 되었다. 예를 들어 중앙은행과 헌법재판소의 권력은 현저하게 강화되었다. 누가 보더라도 관계 당국은 통화 감시나 위헌성 여부 감시 같은 본질적인 임무를 당파적인 정치권으로부터 덜어내는 것이 좋다고 판단한 것이 분명하다. 그렇게 하면 그에 따른 선거 관련 당리당략 계산에서도 자유로울 수 있을 테니 말이다.

그런데 이러한 관료화 경향은 나쁜 것일까? 관료주의 체제가 훌륭한 성과를 낼 수 있다는 데에는 의심의 여지가 없다. 중국 경제가 이루어낸 기적이 아마도 가장 좋은 사례가 될 것이다. 마리오 몬티 수상은 국가 경영에서 확실히 실비오 베를루스코니 수상보다 훨씬 뛰어난 자질을 발휘했다. 하지만 효율성이 높다고 해서 반드시 정당성이 보장되지는 않는다. 관료들에 대한 신뢰는 이들이 재정 지출을 억제하려들기 시작하는 순간 봄눈 녹듯 사라진다. 2013년 2월 대통령 선거에서 마리오 몬티는 고작 10퍼센트의 지지를 얻었다. 또한 중국은 과두 집권적인 문화에 대한 반발을 억압하는 악습을 버리지 못했다.

관료주의를 금기시하는 태도는 아무 소용도 없다. 모든 신생국가는 거의 언제나 관료주의적인 단계를 거치기 마련이라는 한 가지 사실만 보더라도 그렇다. 1958년 샤를 드골과 더불어 시작된 프랑스 제5공화국, 2008년의 코소보의 경우를 예로 들자면, 국가들이란 모름지기 처음 세워질 때에는 거의 민주적인 정당성을 확보하지 못한다. 혁명이 있고 난 후 이어지는 과도기에는 비록 단기간일지라도 항상 권력이 선거라는 선출 과정을 거치지 않은 엘리트에 의존하기 마련이다. 이들에게는 민심을 측정하는 계량기가 돌아갈 수 있도록, 사후에나마 정당성을 확보할 수 있도록, 가장 빠른 시일 안에 선거 또는 국민투표를 조직하는 임무가 주어진다. 단기적 관점에서 보자면 관료주의는 새롭게 박차를 가할 수 있으나, 장기적 관점에서 볼 때 그 같은 체제는 오래 살아남을 수 없다. 민주주의는 국민을 위한 정부일 뿐 아니라 국민에 의한 정부여야 하기 때문이다.

관료들은 포퓰리즘 영합자들과는 정확하게 반대되는 행동을 한다. 관료들은 정당성에 비해 효율성을 강조함으로써 민주주의 피로감 증후군에 대처하고자 한다. 결과가 좋으면 피통치자들에게서 동의를 얻을 수 있다고 기대하기 때문이다. 이러한 태도는 분명 한시적으로는 먹혀들어갈 수 있으나, 정치란 본래 매끈한 경영 관리만으로 요약되지 않는다. 머지않아 윤리적 선택을 해야만 하는 상황에 봉착하게 되고, 이를 넘어서기 위해서는 민중의 의견을 물을 수밖에 없다. 이렇게 되면 '어떤 과정을 통해서 민중의 합의를 도출해낼 것인가?'라는 문제가 대두된다. 이 문제에 대해서라면, '의회를 통해서'가 가장 표준적인 답이다. 그런데 의회는 여전히 성스러운 곳인가? 많은 사람들이 이러한 의문을 품고 있는 것이 사실이다. 자, 이렇게 해서 우리는 세 번째 진단에 도달한다.

대의 민주주의 탓이라는 진단: 처방은 직접 민주주의?

2011년 8월 2일, 뉴욕의 볼링 그린Bowling Green 공원에 여남은 명의 사람들이 옹기종기 모여 앉았다.[5] 이날은 미국 역사상 가장 획기적인 사건이 일어난 날 가운데 하나로 각인되었다. 그보다 앞서 여러 주일, 아니 여러 달 동안 민주당원들과 공화당원들은 국가 채무 상한선을 높이는 문제를 놓고 타협에 이르지 못했다.[6] 민주당 측은 국제 자본시장을 부추겨 공공 채무를 확대함으로써 나라 살림을 돌아가게 하자고 주장했다. 반면 공화당은 버락 오바마 대통령이 최빈층에 할애하려는 예산을 감축한다는 조건하에서만 민주당의 의견에 동의할 수 있다고 맞섰다. 티파티Tea Party 운동(2009년 미국의 여러 길거리 시위에서 시작된 보수주의 성향의 정치운동—옮긴이)으로 고무된 공화당 지지자들은 여간해서는 뜻을 굽히지 않았다. '선 예산 감축, 후 동의'가 이들의 입장이었다. 가장 형편이 어려운 사람들을 사지로 몰아감으로써 비용을 절감하는 과격한 정책보다는, 가장 가진 것이 많은 자들에게 최소한의 세금을 부과하는 것이 정당하다고 판단한 민주당 지지자들은 공화당 측의 위협에 굴복할 의사가 없었다. 게다가 미국의 채무가 늘어난 것은 공화당 측이 국가를 이라크라는 수렁 속에 빠뜨렸기 때문이 아닌가?

논쟁이 완전히 벽에 부딪친 가운데 미국의 공권력이 각종 대금과 공무원들의 급여를 지불하지 못하는 날은 하루하루 다가왔다. 계산에 따르면 그날이 바로 2011년 8월 2일이었다. 상황은 사이클 경기의 선두에서 달리던 두 선수가 결승선을 바로 앞에 두고 거의 움직이지 못하면서 팽팽하게 맞서는, 이른바 쉬르플라스surplace를 상기시킨다. 만일 두 선수 가운데 어느 한 사람이 어떤 시도라도 하려 한다면, 그 순간 둘 사이의 균형이 깨지면서 바로 뒤에서 추격하던 선수들에게 선두를 내주게 된다. 미국 전역에 심각한 불경기의 파도가

덮칠 것이고, 이는 곧 세계적 위기를 초래할 상황이었다. 세계 1위 경제대국의 곳간이 비면 전 세계가 추락할 수밖에 없을 테니까. 어찌나 긴장감이 고조되었던지 관료주의적 중국은 미국에게 과도한 결정은 자제해줄 것을 요청했다. 요컨대 버락 오바마는 그가 속해 있는 민주당의 이익을 어느 정도까지는 고려할 수 있겠으나, 대통령으로서 책임을 소홀히 해서는 안 된다는 경고였다. 결국 민주당이 스스로에게 제동을 걸었고, 그 결과 공화당이 승리를 거두었다. 2012년 대통령 선거를 겨냥한 캠페인이 벌써 시작된 듯한 분위기였다.

볼링 그린 공원에 둘러앉은 여남은 명은 이런 식으로 돌아가는 정치판에 염증을 느꼈다. 두 정당 간의 줄다리기가 세계 경제를 위기로 몰아갈 뻔하다니. 미국 의회는 여전히 선량善良들이 보편적인 공공의 이익을 위해 봉사하는 곳인가? 아니면 상하원 모두 점점 더 많은 위험을 감수하면서까지 유치한 패거리 싸움만 일삼는 유치원에 불과한가? 그날 공원에 있던 사람들 가운데 뉴욕에 거주하는 그리스 출신 예술가가 한 명 끼어 있었다.[7] 이 여성은 그저 항의만 하는 것에 만족하지 말고 예전에 아테네에서 사용되던 방식을 실제로 적용해보자고 제안했다. 야외에서 집회를 열어, 우연히 그곳을 지나가는 사람들도 자유롭게 발언을 할 수 있도록 하자는 것이었다. 그 집회를 통해서 우호적 관점과 적대적 관점들을 검토하고, 참석한 모든 사람들이 함께 합의를 도출해내고자 의기투합했다. 이처럼 평등한 직접 민주주의 경험은 대의 민주주의로 인한 지루한 논쟁에 대한 대안으로서 매우 강력한 전염력을 발휘했다. 볼링 그린 집회는 그 후 몇 주,

몇 개월 동안 점점 더 확산되었다. "월 스트리트를 점령하라"는 움직임은 이렇게 해서 탄생했다.

월 스트리트에 대한 언급과 "우리는 99퍼센트"라는 표어 때문에 이 움직임이 경제에만 관심을 갖는다는 인상을 줄 수도 있겠으나, 속내를 들여다보면 대의 민주주의에 대한 불만이 시위의 토대를 이루었음을 알 수 있다.[8] 한 참가자는 그 점에 대해 이렇게 말했다.

> 의회에서는 미국 국민들을 위해 봉사하는 것이 그들의 공통 목표라고 주장하지만, 실제로는 정당 간의 권력 싸움에 불과하다. 우리의 선량들은 …… 자기들이 속한 정당의 구성원들과 그들의 선거 자금을 대주는 돈 많은 엘리트의 관점만 대변한다. 이 점, 그러니까 우리가 뽑은 대표들이 우리를 대표하지 않는다는 점이 바로 우리 99퍼센트가 지적하는 비난의 포인트다.[9]

2011년 가을 몇 주 동안 주코티 공원에서 야영 생활을 한 '점령자들Occupiers'은 카이로의 타흐리 광장, 마드리드의 푸에르타델솔 광장에서 시위에 나섰던 자들로부터 영감을 얻었다. 집회general assembly는 매일 두 번씩 열렸다. 말하자면 의회 밖의 의회, 정당의 참여 없는 정치 포럼이었다. 그곳에서는 시민 누구나가 선출된 대표자들을 통하지 않고 직접 자유롭게 제안을 내놓고 이에 대해서 토론을 벌였다. 이러한 움직임의 핵이었던 집회는 짧은 시간에 나름대로의 의식을 만들어갔다. 제일 놀라운 것은 '피플스 마이크people's mic' 또는 국민

의 확성기였다. 앰프 사용이 금지되었으므로 모든 토론은 기술적 수
단의 도움 없이 순전히 육성을 통해 진행되었다. 참석자가 수백 명이
넘을 때에도 마찬가지였다. 누군가가 발언하면 가까이 있는 사람이
그 문장을 반복하고, 그 말을 들은 근처 사람들이 또다시 반복함으로
써 발언 내용은 파도처럼 제일 뒤쪽에 앉은 사람들에게까지 전달되
었다. 그런 다음에 각자 손짓을 통해 동의 또는 반대 의사를 밝히거
나 보충설명을 요청했다. 이 집회에는 의장도 원내대표도 대변인도
없었으며, 기껏해야 토론이 원활하게 이어지도록 돕는 진행자들만
있을 뿐이었다. 수직성이 아닌 수평성이야말로 이 집회가 추구하는
바였다.[10]

이렇게 해서 마침내 9월 23일, '연대 원칙Principles of Solidarity'이라
는 최초의 공식적인 문서가 빛을 보았다. 여기에서 제일 먼저 확인한
첫 번째 원칙은 카지노식 자본주의도, 세계화도, 보너스 문화도, 금
융권 위기도 아닌 민주주의였다. 집회 참가자들은 자신들의 정치적
역할에 대한 부정적 정서를 타개하기 위해 원칙 일람표의 제일 위쪽
에 "직접적이며 투명한 참여 민주주의participatory democracy에 참가한다"
는 점을 못 박아 두었다.[11]

서양의 다른 지역에서는 사람들이 거리로 뛰쳐나와 더 나은 민
주주의를 정립하기 위해 시위했다. 스페인에서는 '인디그나도스
Indignados'(분노한 사람들을 뜻한다—옮긴이)가 대규모 운동으로 자리
잡았으며, 이들은 "지금 당장 진정한 민주주의를!"이라는 표어를 내
걸었다. 아테네의 신타그마 광장에서는 수만 명의 그리스 시민들이

국회의사당 문 앞에서 진정한 민주주의를 위한 슬로건을 외쳤다. 암스테르담, 런던의 증권거래소, 프랑크푸르트의 유럽중앙은행 앞으로도 사람들은 꾸역꾸역 모여들었다. 독일에서는 '분노하는 시민들 Wutbürger'이 슈투트가르트 새 역사 건설, 프랑크푸르트 상공 위로의 야간 비행, 뮌헨 공항에 세 번째 활주로 건설, 철도를 통한 핵폐기물 운송 등에 반대하는 시위를 벌였다. 'Wutbürger'라는 단어는 독일에서 2010년 올해의 단어로도 선정되었다. 벨기에의 경우, 나 자신이 G1000 창립에 참여했다. G1000은 시민들이 정치적 결정에 더욱 적극적으로 참여하도록 독려하기 위한 모임이다. 사이버공간에서는 어나니머스Anonymous, 해적당(영어로는 Pirate Party. 인터넷상의 개인 프라이버시, 표현의 자유, 저작권법 개정 등을 주장하는 정당으로, 2006년 스웨덴에서 처음으로 설립된 후 유럽과 아메리카 대륙을 중심으로 확산되고 있다—옮긴이)이 출현했다.

2011년 12월, 《타임Time magazine》은 항거에 나선 자를 올해의 인물로 선정했다. 그로부터 얼마 지나지 않아 런던 정치경제대학은 유럽에서 이처럼 갑작스럽게 '지하정치'가 부상한 것에 대해 제법 두툼한 연구 결과를 내놓았다. 이 연구가 내린 결론은 매우 흥미롭다.

우리는 연구 결과 매우 근본적인 사실을 인정하기에 이르렀다. 이 모든 다양한 항거나 시위, 캠페인, 시도 등은 현재 기능하는 정치형태에 대한 깊은 좌절감이라는 공통적인 뿌리를 가졌다는 점이다. '화가 난angry', '분노하는indigné', '환멸을 느낀désillusionné' 같은 단어들은 모두 이와 같은 좌절감을 표현한다. …… 독일 국민은 유럽의 다른 나라 국민들에 비해서 긴축정책의 영향을 덜 받았다. …… 하지만 독일에서도 다른 유럽 국가들과 마찬가지로 놀라울 정도로 급속하게 '지하정치'가 부상하고 있다. 이는 현재의 항거가 비단 예산 절감뿐만 아니라 정치 일반에 근거하고 있음을 말해준다.[12]

항거 운동에 참가한 대부분 사람들에게 진단은 명백하다. 민주주의 피로감 증후군은 현재 시행되는 대의 민주주의, 그러니까 대의 민주주의의 구조와 그에 따른 구태의연한 각종 의식 탓이다. 관료주의자들과 마찬가지로, 이들은 현 상태 그대로의 민주주의가 시민들의 기대에 부합하려면 멀어도 한참 멀었다고 이구동성으로 말한다. 하지만 그렇다고 해서 그것을 대체해야 한다(관료주의자들은 대체하자고 주장한다)고는 생각하지 않으며, 이를 개선해야 한다고 입을 모은다. 그러려면 어떻게 해야 하는가? 무엇보다도 의회에 새 인물을 영입하는 식으로 방향을 잡아서는 안 된다(따라서 포퓰리즘 영합자들과는 이 대목에서 갈라진다). 중병이 든 몸에 수혈을 한다고 해서 환자가 치료되지는 않는다는 것이 이들의 의견이다. 어쨌거나 이들에게는 포퓰리즘 영합자들에게 흔히 관찰되는 우두머리 추종 문화가 없다. 그런 문화는 이들이 보기에 지나치게 수직적이며, 궁극적으로 권한을 위임하는 형태를 낳기 때문이다. 그렇다면 어떤 선택을 할 수 있을 것인가? 이들은 관료주의자들의 효율성에도 별반 관심이 없다. 매우 복잡하면서 기이한 이들의 집회 방식 자체가 이미 이들이 신속한 결과를 얻는 것보다는 정당성에 훨씬 큰 중요성을 부여하고 있음을 잘 보여준다.

'월 스트리트를 점령하라'와 '인디그나도스' 운동을 좀 더 면밀하게 살펴보면, 이들 운동이 지닌 매우 과격한 반反의회주의에 놀랄 수밖에 없다. "우리가 뽑은 대표들이 우리를 대표하지 않는다"고 이들은 뉴욕에서 소리 높여 외쳤다. 마드리드에서도 누군가가 이렇게 표현했다.

> 스페인에서 대부분 정치인들은 우리가 하는 말을 듣지 않는다. 정치인들은 우리가 하고자 하는 말을 들어야 하며 사회 전체가 혜택을 받을 수 있도록, 직접적인 방식으로 시민들이 정치에 참여할 수 있도록 만들어야 할 것이다. 그런데 그렇게 하기는커녕 이들은 우리가 대는 비용으로 자기들의 배를 불리고 승승장구하면서 경제대국들의 독재에만 관심을 기울인다.[13]

점령자들과 분노한 사람들은 민주주의 앞에 '새로운, 뿌리 깊은, 수평적인, 직접적인, 참여적인, 합의 지향적인consensus-driven' 같은 형용사를 붙이기를 좋아하며, 이는 궁극적으로 '진정한 민주주의'를 갈구한다는 말로 이해된다. 이들이 보기에 의회와 정당의 시대는 이제 저물었다. 이들은 갈등 대신 합의를, 투표 대신 협의를, 드라마틱한 논쟁 대신 상호존중에 입각한 경청을 제안한다. 우두머리를 거부하고 지나치게 구체적인 요구 사항 따위는 내걸지 않으며, 기존 운동

단체들이 내민 손에는 경계심을 표한다. 인디그나도스가 브뤼셀의 거리를 행진할 때, 각 정당이나 노동조합의 깃발은 환영받지 못했다. 이들 눈에는 정당이나 노조는 모두 저물어가는 기존 체제에 속하기 때문이었다.

이처럼 격렬한 반의회주의가 마지막으로 유럽에 등장했던 때는 양차 세계대전 사이였다. 1차 세계대전과 1920년대의 경제위기는 과도한 19세기 부르주아적 민주주의 탓이라는 주장이 공공연하게 나돌았으므로, 3명의 지도자가 의회 제도에 대해 물고 늘어졌다. 이 3명은 바로 레닌, 무솔리니, 그리고 히틀러다. 오늘날에 와서는 그 사실을 자주 망각하는 경향이 있는데, 파시즘과 공산주의는 본래 민주주의를 활성화하려는 시도였다. 의회를 제거함으로써 민중과 민중의 지도자는 좀 더 긴밀하게 일체가 될 수 있다거나(파시즘), 아예 민중이 나라를 직접 이끌 수 있다(공산주의)는 것이었다. 파시즘은 이내 전체주의로 변질되었으나 공산주의는 비교적 오래도록 새로운 사회의식의 형태를 모색했다. 이런 점에서 레닌을 새롭게 조명해보는 건 유익한 일이다. 레닌은 1918년에 출간된 유명한 저서 『국가와 혁명』에서 의회주의 타파를 옹호했다. "의회에서는 오로지 '선량한 민중'을 기만하려는 단 하나의 목적을 가지고 수다만 떨 뿐이다." 선거 절차에 대해서 레닌이 가한 통렬한 일침은 뉴욕이나 마드리드에서 메아리가 되어 울려 퍼진다. "정기적으로, 그러니까 몇 년의 기간을 정해놓고, 지도자 계급에 속하는 누군가가 나서서 의회에서 민중을 무시하고 짓밟을지 결정하는 것, 이것이 바로 부르주아식 의회주의의 진정한 본질이다." 그에 대한 대안으로 레닌은 1871년에 일어난 파리코뮌la Commune de Paris(게다가 공산주의를 뜻하는 코뮤니즘은 여기에서 파생되었다)에서 영감을 얻는다.

> 뼛속까지 부패한 부르주아 사회의 금전만능적 의회주의에 맞서 코뮌은 의견과 토론의 자유가 기만으로 변질되지 않도록 지켜주는 대안이 된다. …… 대의적 기관들은 남아 있어야 하겠으나, 특별한 체제로서의 의회주의, 입법과 행정을 분리하는 분업체제로서의 의회주의, 국회의원들을 위한 특권적인 상황으로서의 의회주의는 더 이상 존재하지 않는다.14

점령하라 운동 지지자들 가운데 일부는 주코티 공원 사건을 파리코뮌과 비교하기도 한다. 이들이 벌인 운동은 최소한만 행동으로 발현한 것으로, 가장 과격한 일부 가담자들은 정말로 손쓸 수 없는 비극으로 사태를 몰아갈 수도 있었다.15 하지만 그토록 과격하게 의회주의 체제를 공격하고, 역사를 제대로 알지 못하며, 귀담아 들을 만한 가치가 있는 대안에 대해 숙고하기를 거부하는 운동은 전략적인 약점을 지닌 것은 물론, 한마디로 경박하게 행동하는 것이다. 이들은 진정으로 현재 실행 중인 모델이 완전히 실패했다고 낙인찍으려 했던 것일까? 그렇다면 우리는 어떤 식으로 미래를 전망해야 하는가? 무엇이 평등과 자유를 보장해주는 잣대란 말인가? 상황이 나쁜 쪽으로 기우는 불상사를 막기 위해서는 어떻게 해야 하는가? 협의 모델에 대한 개념을 도출한다는 중차대한 임무와 관련하여, 그저 우호적이거나 대안적이라는 것만으로는 충분하지 않다. 민주주의에 관한 한 위대한 철학자로 손꼽히는 프랑스 출신 피에르 로장발롱Pierre Rosanvallon은 시의적절하게도 다음과 같이 경고한다. "우리가 민주주의를 강화하고자 시도할 경우, 민주주의는 스스로에게 화살을 돌려 전체주의가 될 위험이 있다. 소비에트 연방에서 일어난 일들이 바로 이를 보여준다."[16]

슬로베니아 출신 철학자 슬라보예 지젝은 뉴욕의 점령자들을 상대로 자기 자신들과 사랑에 빠지지 말아줄 것을 요청했다. 하지만 결국 그의 요청과는 정반대되는 일들이 실제로 벌어졌다. 미국 출신 언론인 토마스 프랭크Thomas Frank는 타협할 줄 모르는 날선 글에서 점령자 운동이 어떤 과정을 거쳐 참가 숭배, 다시 말해서 '직접 민주주의' 숭배로 변질되었는지, 참가라는 수단이 어떻게 해서 '목적 자체'가 되어버렸는지를 상세하게 묘사했다.

안타깝게도 그 정도 계획만으로는 충분하지 않다. 물론 민주적 투쟁 문화를 구축하는 것이 시위 집단에 도움이 될 수 있다. 하지만 이는 시발점에 불과하고 월 스트리트 시위운동은 여기에서 더 멀리 나아가지 않는다. 이들은 파업을 유발하지도 않았고, 고용청을 봉쇄하지도 않았고, 심지어 대학 총장실도 점거하지 않았다. 시위대에게는 수평적 투쟁 문화의 정착이 투쟁의 최상위 단계에 해당한다. '과정이 곧 내용을 담고 있다.' 저들은 그렇게 한목소리로 노래했다.[17]

네덜란드 사회학자 빌럼 스힝컬Willem Schinkel은 다음과 같은 논평을 덧붙였다. "월 스트리트를 점령하라는 어떤 의미에서 이념 투쟁의 시뮬레이션이라고 할 수 있다. 이 운동에서는 반反이념에 대한 갈망이 진정한 반이념보다 훨씬 핵심적인 자리를 점유하고 있다."[18]

월 스트리트를 점령하라 운동은 사람들이 느끼는 불편함에 대한 치료책이었다기보다는 그 불편함을 드러내는 계기였다고 봐야 한다. 대의 민주주의가 불편함을 안겨주었다는 진단은 적절했으나 그에 대한 대안은 충분하지 않았다. 물론 집회 참가자들은 분명 매우 인상적이고 마음이 훈훈해지는 경험을 했을 것이다. 평온한 가운데 성인답게 토의하는 공동체에 속한다는 소속감은 대단한 열광을 불러일으킬 수 있다. 시민사회의 덕목은 아무리 키워도 지나치지 않다. 특히 의회와 미디어가 제대로 된 역할을 수행하지 못할 경우라면 더더욱 그러하다. 하지만 이러한 절차를 다양한 층위로 확대할 수 있는 수단이 전혀 고려되지 않았다. 외교관이자 프랑스 레지스탕스의 영웅으로 『분노하라Indignez-vous』라는 다소 선동적인 팸플렛(인디그나도스라는 이름은 이 책에서 비롯되었다)의 저자이기도 한 스테판 에셀Stéphane Hessel은 진정한 현실 참여로 이어지지 않는 분노만으로는 충분하지 않으며, 각국 정부에 영향력을 행사할 수 있어야 한다고 강조한다. "주변부에서 변죽만 울리는 참여가 아니라 권력의 심장부로 뚫고 들어가는 참여가 필요하다."[19]

지금까지 내가 언급한 세 가지 치료법은 모두 위험해 보인다. 포플리즘은 소수에게, 관료주의는 다수에게, 반의회주의는 자유에 위험이 된다.

그러나 최근 몇 년 사이 유럽에서는 몇 가지 운동이 새로이 출현했으며, 이들은 상징적이고 주변부적인 항의로 만족하지 않았다. 이들은 분명 '권력의 심장부'를 목표로 삼았다. 이들을 '신新의회주의자들'이라고 불러도 좋을 것이다. 2006년 스웨덴에서 처음으로 결성되었으며, 독일에서는 비록 한순간에 불과했지만 가상공간에서 세 번째로 강력한 정당의 위치까지 올랐던 해적당이 좋은 예다.[20] 네덜란드에서 G500은 매우 영리한 방식으로 거대 정당들과 의회를 해적질, 곧 불법복제하려 시도했으며,[21] 이탈리아에서는 베페 그릴로가 주도한 오성운동이 명실공히 이 나라의 세 번째 정당이 되었다.[22]

이러한 신의회주의 운동들이 지닌 가장 두드러진 특징은 이들이 새로운 형태의 참여를 통해서 대의 민주주의를 강화하고자 한다는 점이다. 해적당은 본래 디지털 관련 권리 획득을 위해 활약하던 열성분자들이 강령으로 삼았던 내용이 직접 민주주의를 통해 대의 민주주의를 한층 풍성하게 만들자는 정치 사조로 변했다.[23] G500의 경우, 500명이 넘는 네덜란드 젊은이들이 갑작스럽게 이 나라의 3대 정당에 가입하여 이들 정당들이 추구해오던 기존 강령에 영향력을 행사하기 시작했다. 그 후 이들은 유권자들에게 스템브레커 Stembreker(하나의 정당에만 고정적으로 투표하는 것이 아니라 여러 정당에 전략적으로 투표할 것을 권하는 운동—옮긴이)를 이용하여 집단적으로 전략적 유효투표에 동참함으로써 선거에서 더욱 큰 힘을 발휘해 달라고 호소했다. 이때도 목표는 정당의 강령에서건 연합전선을 형성하는 데 있어서건, 더욱 적극적인 참여를 이끌어내는 것이었다. 한편 오성운동은 리더가 내건 포퓰리즘적 경향의 표어 외에도, 대표가 되려는 자들은 전과가 없어야 한다, 죽을 때까지 의원직을 유지하는 것은 금지되어 있어 두 번까지만 의원 자리에 오를 수 있다 등의 새로운 규칙을 정립함으로써 포퓰리즘적 대의를 한층 강화하고자 했다. 다시 말해서 더 많은 서민들이 정치적 결정에 참여할 수 있도록 문호를 최대한 개방하는 것이 이들의 목표였다.

이 세 가지 시도에서는 또 하나의 놀라운 공통점이 드러난다. 출범 직후부터 가파른 상승세를 타면서 미디어의 집중 조명을 받았으나, 대중들의 열광과 미디어의 관심이 놀라울 정도로 신속하게 식어버렸다는 점이다. 처음에는 신선하고 통통 튀듯 재기발랄하게 보였던 것이 불과 몇 달 만에 폐기 처분된 것이다. 의회에서 권력을 장악했다고 해서 미디어의 신임까지 저절로 얻을 수 있는 것은 아니다. 의원은 4년이라는 임기 동안 차츰 의원직에 익숙해질 수 있지만, 당선 직후부터 라디오나 텔레비전에 목소리와 얼굴을 내보내며 점수를 따야 한다. 마치 태어나서 줄곧 그 일에만 매달려온 사람처럼 당면한 사안을 완벽하게 파악하여 시의적절한 언급을 한다면 물론 금상첨화다. 아마추어 행세는 프로가 아마추어처럼 어수룩하게 연기할 때에만 유쾌하게 받아들여지기 때문이다. 대부분은 자신의 구상을 제대로 드러내 보이기도 전에 축출당하고 만다. 재능과 이상은 쉽게 마모된다. 새로운 정치운동들은 의회에 등을 돌리지 않았다는 점에서 의심할 여지없이 고려해볼 가치가 있다. 그러나 우리가 몸담고 사는 사회처럼 인식에 토대를 둔 사회에서는 선거에서 이기는 것만으로는 충분하지 않다. 암, 그것만으로는 갈 길이 멀다!

확실히 민주주의 피로감 증후군은 나약해진 대의 민주주의에서 기인하는 것이 사실이지만, 반의회주의도 신의회주의도 이러한 상황을 완전히 전복시키지는 못 한다. 왜냐? 이 두 가지 접근 방식 중에서 어느 하나도 대의라는 것의 본질에 대해 천착하지 않았기 때문이다. 하나는 그것을 우회했고, 나머지 하나는 여전히 그것이 가능하다고 믿는다. 결국 이 두 가지는 모두 대의, 곧 공식적으로 정해진 토론기관이라는 테두리 안에서 민중의 대표가 되려면 선거가 필수라는 원칙에서 출발한다. 그러니 이제부터는 과연 이 가정이 타당한지 면밀히 살펴보자.

선거를 통한 대의 민주주의 탓이라는 완전히 새로운 진단

최근 몇 년 사이 대의 민주주의를 강화하여 예전의 영화를 되찾으려는 의도를 담은 제안들이 무수히 많이 쏟아져 나왔다. 이러한 제안들의 대부분은 새로운 형태의 규칙이라는 옷을 입고 있다. 예를 들어 정치인이라는 역할을 수행하는 사람들과 관계있는 제안들의 경우, 정치인들은 그들이 맡은 공적 임무를 수행하면서 이와 동시에 민간 부문에서 활동해서는 안 된다, 정치인들은 그들의 수입과 재산을 공개해야 한다는 등의 규칙이 등장한다. 정당과 관련해서도 역시 새로운 형태의 규칙을 활발하게 제안한다. 정당의 자금 조달이 더욱 투명해져야 한다, 정당이 지원금을 받기 위해서는 더 엄격한 조건들을 준수해야 한다, 정당은 관련 서류들을 공개해야 한다 등이 여기에 해당한다. 선거를 직접 겨냥하는 제안들도 적지 않다. 국가 단위, 지방 단위, 또는 유럽 차원의 선거들은 선거 이후 일정 기간 동안 평온함을 보장하기 위해 모두 같은 날 치러져야 한다, 선거구를 새롭게 나누어야 한다, 새로운 집계 체제를 도입해야 한다, 이제까지 선거권에서 배제되었던 사람들에게도 새로이 선거권을 부여해야 한다 등. 어린 자식을 둔 부모들은 장기적인 안목에서 선택할 수 있도록 자식을 대신할 수 있는 선거권도 보장받아야 하지 않겠는가? 권력이 과도하게 정당에만 치우치는 '정당정치particratie/partitocratie'를 완화시키기 위해 여러 정당을 동시에 지지할 수 있는 가능성을 열어주어야 하지 않겠는가? 인물에 대한 투표와 병행하여 정견政見에도 동시에 투표할 수 있는 가능성을 공식적으로 인정해야 하지 않을까?

이러한 제안들은 모두 유익하고 때로는 매우 필요하기도 하나, 이 모두를 모조리 구체화한다고 해서 문제가 완전히 해결되지는 않는다. 민주주의 피로감 증후군은 본래 형태대로의 대의 민주주의에 의해 야기된 것이 아니라 대의 민주주의의 매우 특별한 변이체, 곧 선거라는 수단을 통해서 민의를 대표하는 선거 대의 민주주의에 의해 촉발되었기 때문이다. 이 부분에 대해서는 설명이 필요하다.

'선거'와 '민주주의'라는 말은 거의 모든 사람들에게 동의어가 되다시피 했다. 우리는 민의를 대표하는 유일한 방법은 선거라는 사고에 푹 젖어 있다. 게다가 이 점은 1948년에 공표된 세계인권선언에도 명시되어 있다. "국민의 의지는 국가 공권력의 권위를 정립하는 토대가 된다. 이 의지는 정기적으로 치르도록 정해져 있는 정직한 선거를 통해 표현되어야 한다." 우리가 보기에 여기에서 "표현되어야 한다"라는 부분이 특별히 시사하는 바가 크다. 민주주의를 말하는 사람은 누구나 선거를 언급한다. 하지만 이토록 범보편적인 문서—인류 역사상 가장 보편적인 법적 문헌—가 이토록 명확하게 국민의 의지가 어떤 방식으로 표현되어야 한다고 명시한 것은 참으로 신기하지 않은가? 인간의 기본권에 관한 간략한 글(인권선언문은 처음부터 끝까지 다 합해도 2,000개가 채 되지 않는 단어로 이루어져 있다)이 구체적인 실행 방식까지 시시콜콜 언급한다는 건 좀 이상하지 않은가 말이다. 이건 마치 보건에 관한 법안에 요리방법까지 미리 못 박아 두는 것 같은 모양새다. 그 절차 자체가 이미 신성불가침이기라도 하다는 듯이 말이다.

우리는 모두 선거 근본주의자가 되어버렸다. 이것이 바로 민주주의 피로감 증후군의 첫 번째 원인이다. 우리는 선거에서 뽑힌 선량들을 경멸하면서도 선거 자체만큼은 숭배한다. 선거 근본주의라고 하면 민주주의란 선거 없이는 상상도 할 수 없으며, 선거야말로 민주주의를 논하는 데 있어서 필수적인, 아니 가장 근본적인 전제라는 믿음을 뜻한다. 선거 근본주의자들은 선거를 민주주의에 도움이 되는 하나의 방법으로 보지 않는다. 그들은 선거 자체를 목표이자 분리 불가능한 내재적 가치를 지닌 신성한 원리로 여긴다.

이처럼 투표를 주권 재민의 궁극적인 토대로 여기는 맹목적인 믿음은 국제 외교에서 가장 뚜렷하게 드러난다.[24] 서양의 돈 많은 기부국들은 콩고나 이라크, 아프가니스탄 또는 동티모르처럼 극심한 어려움을 겪은 국가들이 민주화되기를 희망한다고 말한다. 하지만 이 말은 결국 이 나라들이 국가적 차원에서 총선거를 치러야 하며, 기왕이면 서양식 모델을 흉내 내는 방식—칸막이가 세워진 기표소, 투표용지, 투표함, 다수의 정당, 선거 캠페인, 연정 구성, 투표소와 봉인 등—으로 선거가 진행되어야 한다는 말과 다르지 않다. 요컨대 우리가 사는 곳과 똑같은 방식이 그곳에서도 그대로 재현되어야 한다는 말이다. 그렇게 할 경우, 이 나라들은 우리에게서 기금을 지원받는다. 그 지역에서 실행되던 민주적인 혹은 민주주의의 원시 형태로 간주할 수 있는 제도 따위(촌락 회의, 전통적인 매개자들의 개입, 옛날식 사법 제도 등)는 전혀 고려되지 않는다. 평화적이고 집단적인 토론을 위해서는 이러한 방식들이 여전히 유효할지 몰라도, 이 나라들이 우리에 의해서 검증된 우리의 방식에서 멀어지는 즉시 이들에게 제공되던 돈줄은 막혀버린다. 전통의학이 서양의학 앞에서 자취를 감춰버리는 것과 같은 이치다.

서양 기부국들이 이들에게 요구하는 사항들의 면면을 살펴보면 민주주의란 마치 수출품 같다는 생각이 든다. 미리 제조하여 그럴듯하게 포장한 다음 언제라도 다른 곳으로 발송할 준비를 끝낸 제품과 다를 바가 없다. 민주주의는 말하자면 '자유롭고 정직한 선거'를 위한 이케아 가구 키트, 즉 그것을 구입한 자가 필요할 경우 포장 상자 안에 첨부된 사용 설명서의 도움을 받아 현지에서 조립하는 반半가 공 가구인 셈이다.

그런데 그렇게 해서 조립한 가구가 결정적으로 불량품이라면? 또는 완전히 불량은 아닐지라도 전혀 편안하지 않다면? 여러 조각으로 망가지기라도 한다면? 그건 그곳 고객 탓이지, 그로부터 멀리 떨어져 있는 제조업자 잘못이 아니다.

아직 허약한 상태에 있는 국가들에서 선거가 온갖 종류의 폐해(폭력, 인종간의 갈등, 범죄, 부패 등)를 가져올 수 있다는 점은 차라리 부차적이다. 선거가 반드시 민주화에 도움을 주는 것이 아니며 오히려 민주화에 제동을 걸고 이를 깡그리 말살시켜버릴 수도 있다는 사실은 당장의 편리함 때문에 완전히 망각되고 있다. 전 세계 모든 나라들이 투표소로 향해야 하며 여기에 대해서는 그로 인한 폐해와는 별개로 이론의 여지가 있을 수 없다. 우리가 맹종하는 선거 근본주의는 이렇게 해서 새로운 형태의 세계 복음화의 면모를 보이게 된다. 선거는 이 새로운 종교가 지켜야 할 성사聖事, 형식이 내용보다 더 중요한 빼놓을 수 없는 제례의식이다.

이 같은 선거 강박증은 생각해볼수록 희한하다. 우리 인간들이 민주주의라는 것을 시도한 지는 거의 3,000년이 되어가는 반면, 선거라는 단 한 가지 수단을 통해 민주주의를 구현한 건 고작 200년 남짓이다. 그런데도 우리는 선거만이 유일하게 믿을 만한 수단이라고 생각한다. 왜 그럴까? 여기에는 물론 습관의 힘이 작용하는 것이 사실이나 더 근본적인 다른 이유도 있다. 아무도 지난 2세기 동안 선거가 순조롭게 작용했다는 사실을 부인할 수 없다. 더러 과도한 점이 있긴 했어도 이제까지 선거는 민주주의를 가능하게 하는 데 크게 기여했다. 효율성과 정당성이라는 상호 모순되는 요구 사이에서 절묘하게 균형을 잡아야 하는 쉽지 않은 과제를 비교적 잘 해결해왔다는 말이다.

그런데 결정적으로 우리가 잊고 있는 점이 있다. 바로 선거란 오늘날과는 전혀 다른 맥락에서 탄생했다는 점이다. 근본주의자들은 일반적으로 역사에 대해서는 그다지 식견이 없는 편이다. 이들은 자기들이 믿는 교리가 언제나 유효하다는 원칙에서 출발한다. 선거 근본주의자들은 민주주의의 역사를 잘 알지 못한다. 요컨대 과거에 대한 성찰이 결여된 교리 신봉자들인 것이다.

하지만 이제라도 과거로 시선을 돌려보는 작업이 반드시 필요하다.

미국과 프랑스의 혁명 지지자들이 '민중의 의사'를 알기 위한 수단으로 선거를 제안했을 당시에는 아직 정당은 존재하지 않았다. 보통선거를 정립하는 법도 제정되지 않았으며, 상업적 미디어 따위는 출현하기 전이었다. 그러니 소셜미디어에 대해서는 말할 필요도 없다. 그뿐이 아니었다. 선거를 통한 대의 민주주의를 구상한 사람들조차도 이러한 현상들이 나타나리라고는 상상조차 하지 못했던 시절이었다. 〈표 1〉은 그 후 정치 판도가 얼마나 달라졌는지를 보여준다.

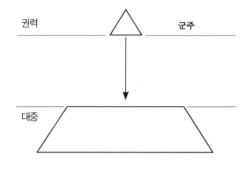

1800년 이전

봉건 시대에서 절대 왕정 시대까지의 통치체제는 소수특권제arisocratia*였다. 군주가 권력을 장악했으며, 군주의 권위는 신이 내려준 것이었다. 귀족 신분(기사, 조정 등)의 도움을 받는 군주는 법을 제정했다. 공공영역이란 존재하지 않았다.

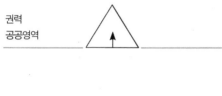

1800년

미국과 프랑스의 혁명은 특권 계급의 권력을 축소했으며 민중에게 주권이 있음을 드러내 보이기 위해 선거제도를 마련했다. 이로써 권위는 더 이상 '위에서 아래로'가 아니라 '아래에서 위로' 가게 되었다. 투표권은 여전히 일부 상류층에게만 제한적으로 주어졌다. 특히 신문 등이 공적 토론의 장으로 활약했다.

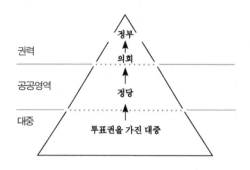

1870~1920년

도처에서 두 가지 근본적인 변화가 일어났다. 정당이 출현하고 보통선거가 시작된 것이다. 선거는 각기 다른 이해관계를 지닌 여러 집단들이 사회의 가장 큰 부분을 대표하고 싶어 대결을 벌이는 각축장이 되었다.

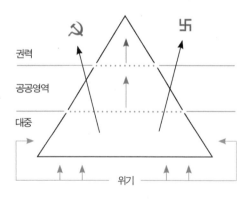

1920~1940년

두 차례 세계대전 사이의 기간에 몰아닥친 경제위기는 대의 민주주의를 초긴장 상태로 몰아넣었다. 여기저기에서 몇몇 뇌관이 폭발했다. 새로운 정치 모델들이 시도되었으며, 파시즘과 공산주의가 대표적이다.

---

* 어원적으로 볼 때 그리스어에서 '가장 뛰어난'을 뜻하는 aristoi와 '권위, 권력, 통치' 등을 뜻하는 kratos가 결합한 용어로 엘리트가 권력을 장악하는 정치체제를 지칭한다. 이때 엘리트는 귀족신분을 가진 자가 될 수도 있고, 부자가 될 수도 있으며, 특별한 전문 지식을 가진 자가 될 수도 있다. 우리말에서는 흔히 귀족제라고 옮기나, 신분으로서의 귀족noblesse, noble과 구분해야 할 필요가 있으므로 소수특권제라고 옮겼다(옮긴이).

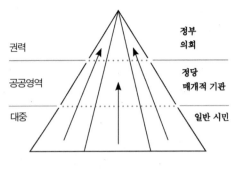

1950년대

대의 민주주의는 놀라울 정도로 굳건하게 회복되었다. 권력은 주요 정당들의 손에 들어갔다. 이리저리 얽히고설킨 매개적 기관들(노동조합, 협동조합, 상호공제조합뿐만 아니라 이따금씩 교육기관 네트워크, 관심을 보이는 미디어 등)을 통하여 정당들은 시민들과 밀접하게 접촉했다. 유권자들은 각자가 선호하는 정당에 충성심을 표했으며, 이들의 행태는 예측 가능했다. 미디어(라디오와 텔레비전)는 국가 소유였다.

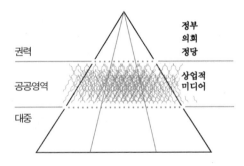

1980~2000년

조직적인 시민사회의 쇠퇴와 상업적 미디어의 부상이라는 두 가지 결정적인 변화가 감지되었다. 이로 인하여 선거체제는 불안정해졌다. 공공영역이 민간 부문에서 활동하던 자들(공공 미디어조차도 시장의 논리를 수용했다)로 채워짐에 따라, 유권자들은 이전 시대만큼 정당에 충성심을 보이지 않게 되었다. 정당들은 더 이상 시민사회의 최정상에 군림하지 못하고 국가의 가장 변방으로 밀려나게 되었다. 선거는 유권자들(지지할 정당을 결정하지 않은 부동층)의 환심을 얻기 위해 미디어를 동원하여 치열하게 치르는 전투로 변질되었다.

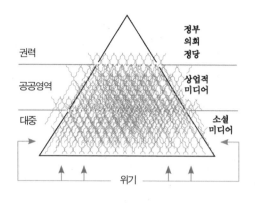

권력

공공영역

대중

정부
의회
정당

상업적
미디어

소셜
미디어

위기

2000~2020년

급부상하는 소셜미디어와 경제위기가 대의 민주주의에 가하는 압력이 가속화되었다. 신기술의 발전으로 이제까지는 존재하지 않았던 자율성, 독립성이 나타나게 되었으며, 이는 기존 선거체제의 발목을 잡는 족쇄처럼 기능한다. 상시적으로 선거캠페인을 벌이는 모양새가 되었기 때문이다. 권력 행사는 선거 광풍 때문에 애를 먹게 되고, 신뢰성은 끊임없이 튀려는 집착 때문에 침체의 늪에 빠져버린다. 2008년부터는 경제위기까지 겹쳐 불에 기름을 부은 형국이 되었다. 포퓰리즘, 관료주의, 반의회주의가 만연하고 있다.

유럽에 시민이라고는 한 명도 없고 모두가 군주의 백성이던 시절이 있었다. 중세부터 18세기의 상당한 기간까지—지금 우리는 수박 겉핥기식으로만 시대를 조망하는 중이다—권력은 군주의 손에 집중되어 있었다(여기서 네덜란드공화국, 피렌체공화국 또는 베네치아공화국 등은 예외적이라고 할 수 있는 상황이었으므로 고려하지 않는다). 군주는 궁전이나 요새 또는 성 안에서 몇몇 귀족이나 자문들의 도움을 받아가면서 나라를 이끄는 방식을 결정했다. 전령은 군주가 내린 결정을 시장 광장으로 전달했으며, 그곳에서 듣고자 하는 사람들 앞에서 왕의 결정을 공표했다. 이 같은 일방통행이 권력과 대중 간의 관계를 결정했으며, 이는 봉건주의에서 절대왕정에 이르기까지 별반 달라지지 않았다.

그러나 세기를 거듭하면서, 독일 사회학자 위르겐 하버마스가 제시한 이론과 용어를 차용하자면 이른바 '공공영역'이 형성되었다. 백성들은 위에서 아래로의 하향식 접근에 반대하면서 공공장소인 광장에 모여 상황을 논의했다. 흔히 계몽군주시대라고 일컫는 18세기에는 이 같은 현상이 실질적으로 가속화되었으며, 하버마스는 사람들이 공적 주제에 관해서 토론을 벌이는 장소들이 어떻게 해서 생겨났는지를 설명한다. 중부 유럽의 대형 카페, 독일의 공개적 식탁 모임Tischgemeinschaften, 프랑스의 레스토랑, 영국의 선술집public house 등지에서 사람들은 공사公事를 논했다. 공공영역은 카페, 극장, 오페라 공연장 등 당시 새롭게 등장한 기관들을 통해서 형성되어 갔는데, 다른 무엇보다도 이 시기를 특징짓는 것은 단연 신문의 발명이었다. 점점 더 많은 집단이 르네상스 시대에 싹트기 시작한 자율성을 확보해갔다. 시민은 이렇게 해서 탄생했다.

1776년의 미국혁명과 1789년의 프랑스혁명이 그 절정이었다. 항거하는 민중들이 영국과 프랑스의 왕실이 가해오던 멍에를 뒤흔들었고, 이제부터는 왕이 아닌 민중이 주인이 되기로 결정했던 것이다. 민중(아니 더 엄밀히 말하자면, 투표권이 지극히 제한적으로 주어졌으므로 민중 가운데 최소한 부르주아들)이 의사를 표현할 수 있도록 형식적인 절차가 마련되었고, 그 절차가 바로 선거였다. 그때까지만 해도 선거라는 절차는 특별히 새로운 교황을 선출할 때에나 사용했던 절차였다.[25] 투표는 추기경들처럼 같은 신념을 공유하는 집단 내부에서 만장일치에 도달하기 위해 고안된 하나의 수단이었다. 그러니 이제 정치에서도 투표는 각 집단 안에서 덕망 있다고 인정받는 사람들 사이에서 만장일치가 가능하도록 독려하는 역할을 맡게 될 것이었다. 이런 관점에서 볼 때 21세기 초라는 시대를 살아가는 시민은 어느 정도 상상력을 발휘해야 할 필요가 있다. 선거가 처음부터 늘 싸움을 조장하는 기재가 아니었으며, 오히려 합의에 도달하기 위해 도입되었다는 역사적 사실을 떠올려야 한다는 말이다! 사람들이 완전히 자유로운 가운데 공동의 이익을 지키기 위해 문자 그대로 말하는parler 장소 중 대표적인 곳이 바로 의회Parlement였다. 이 점에 대해서 에드먼드 버크Edmund Burke(1729~1797. 아일랜드 출신 정치가, 정치 철학자, 연설가. 최초의 근대적 보수주의자로 '보수주의의 아버지'로 불린다—옮긴이)는 "의회는 서로 상충하면서 적대적인 이해관계 속에 놓인 여러 나라 대사大使들의 합동회의가 아니다. …… 의회는 공동체라는 동일하고 유일한 이해관계를 지닌 오직 한 나라의 토론 기구다."[26] 장자크 루소도 비록 버크와 여러 면에서 의견이 달랐지만 이 점에서만은 같은 견해를 보였다. "집회에서 조화가 이루어질수록, 다시 말해서 의견들이 만장일치에 근접할수록, 보편적 의지가 지배적이 된다. 반면 논쟁, 분열, 동요가 길게 늘어지면 개별적인 이해가 승기를 잡게되고 따라서 국가는 쇠퇴한다."[27] 의회주의는 18세기 부르주아들이 앙시앵레짐Ancien Régime, 즉 구체제의 절대왕권주의에 맞서면서 내놓은 해법이었다. 의회주의는 일종의 간접적 대의 민주주의를 상징한다. 투표권으로 무장한 '민중'은 자기들의 대표를 선택할 수 있었고, 이렇게 해서 선택받은 자들은 의회에 나가서 민중의 이익을 대변해야 했다. 선거, 민의 대표, 언론의 자유는 분리시킬 수 없는 하나였다.

그 기원이 18세기로 거슬러 올라가는 이 방식은 그 후로 이어진 두 세기 동안 다섯 차례에 걸쳐서 구조적 변화를 겪는다. 정당의 탄생과 보통선거의 도입, 조직화된 시민사회의 확산, 상업 미디어의 공공영역 지배, 그리고 마지막으로 소셜미디어의 출현, 이렇게 다섯 가지다. 외부적인 경제적 맥락이 굉장한 영향력을 행사한다는 점은 두말할 필요도 없다. 경제가 위기에 봉착하면 민주주의에 대한 열망은 줄어든다(양차 대전 사이의 기간에도 그랬고, 우리가 살고 있는 오늘날도 그러하다). 반대로 경제가 활기를 띠면 민주주의에 대한 갈망 또한 증대된다.

정당이라는 것은 1850년 이후 처음으로 탄생했다. 물론 갓 태동하는 민주국가 내부에서는 그 이전에도 균열이 감지되고 있었다. 가령 도시 출신들과 농촌 출신들 사이의 알력, 현금을 많이 보유한 부자들과 땅을 많이 소유한 부자들 사이의 갈등, 종교에 예속되기를 거부하는 자유주의자들과 가톨릭 신자들 사이의 암투, 연방주의자들과 반연방주의자들 사이의 적대감 등이 모두 이 균열에 해당한다. 하지만 이러한 집단들이 탄탄한 형태를 갖춘 조직으로 변모한 것은 어디까지나 19세기 말엽의 일이다. 그때까지만 해도 정당은 아직 대중들의 정당이라고 할 수는 없었다. 권력에 대한 야망을 지닌 간부급 관리자들의 정당에 머물러 있었고, 가입자들도 극소수에 지나지 않았다. 그러나 사정은 급속하게 바뀌었다. 대부분의 헌법에 아직 이름을 올리기도 전에 정당은 어느새 정치계의 주역으로 자리 잡았다. 예를 들어 사회당의 경우, 급속하게 진행되는 산업화 덕분에 도처에서 생겨났으며 대표적인 보통선거 지지 세력으로 부상했다. 보통선거의 실현(벨기에와 네덜란드에서는 1917년에 보통선거가 실시되었는데 당시에는 오직 남자들만 선거에 참여할 수 있었다)은 선거제도의 구조적 변화를 의미했다. 선거란 이제 하나의 사회 안에 공존하는 서로 다른 이익 집단들이 최대한 많은 유권자들에게 지지를 얻기 위해 벌이는 투쟁이 되었다. 본래 만장일치에 도달하기 위한 수단으로 인식되었던 선거가 이제 후보자들이 격렬하게 싸움을 벌이는 진정한 의미의 격투장으로 변했다. 바야흐로 정당들 사이의 갈등이 시작된 것이다.

1차 세계대전이 끝나자 선거 민주주의를 향한 사랑은 눈에 띄게 식어버렸다. 1920년대부터 1930년대까지 이어진 경제위기로 민중의 지지는 시들해졌다. 전체주의를 지향하는 반의회주의적 모델이 유럽 전역에서 인기를 얻었다. 1940년에서 1945년까지 이어진 세계대전 이후 민주주의가 제2의 삶을 살게 되리라고는 아무도 예상하지 못했다 해도 과언이 아닐 것이다. 그러나 전쟁으로 인한 환멸, 1950, 60년대를 점철한 엄청난 경제성장이라는 맥락 속에서 서양의 많은 사람들이 민주주의를 재도입하는 데 호의적인 태도를 보였다.

전후 이어진 몇 년 동안은 대중적 지지를 얻은 정당들이 정치 판도를 지배했다. 이들은 말하자면 국가의 명운을 손에 쥐고 있었다. 정당들은 매개 기관들(노동조합, 동업자조합, 건강보험, 심지어 교육기관

네트워크, 공인된 미디어 집단 등)과 긴밀한 네트워크를 이루면서 시민 각자의 삶에 아주 가까이 접근할 수 있었다. 공공영역은 대부분 이처럼 조직화된 시민사회의 차지였다. 물론 국가가 여전히 가장 영향력 있으며 새로운 미디어(라디오, 텔레비전)의 소유주였지만, 정당들은 법적으로 위임받은 임기, 전파를 타는 시간, 방송에 출연하는 단체들과의 교분 등의 형태로 발언권을 확보했다. 그 결과, 자신이 선택한 정당에 대한 높은 충성도와 예측 가능한 투표 행태로 특징지을 수 있는 매우 안정적인 시스템을 구축하는 데 성공했다.

1980, 90년대에 등장하여 급진적으로 공공영역의 판도를 바꾸어 놓은 신자유주의적 사고는 이러한 균형 상태에 종지부를 찍었다. 사정이 그렇게 된 데에는 시민사회가 아니라 시장의 법칙이 중요한 역할을 했다. 이는 공공영역에 속하는 수많은 분야에 고루 적용할 수 있지만, 그중에서도 특히 미디어와 관련해 유효했다고 볼 수 있다. 특정 편향성을 보이던 언론 매체들은 사라지거나 거대 미디어 그룹에 팔렸으며, 새로운 상업 채널들이 생겨났다. 심지어 공영방송들마저도 시장 논리로 사고하기 시작했다. 미디어는 문자 그대로 폭발적인 성장을 거듭했다. 텔레비전과 라디오, 문자 언론을 모두 합한 시청률은 과도할 정도로 증가했다. 미디어는 비유적으로 말하자면 날마다 여론을 거래하는 '주식 거래소'처럼 되어버렸다. 상업 미디어가 사회적 합의를 제조해내는 주역으로 발돋움했다. 반면 시민사회는 활동 무대를 잃게 되었다. 노동조합과 건강보험 또한 시장 중심 모델을 채택하기 시작한 데다. 공권력은 이제 사회적 매개자들의 중

재를 통하지 않고 민중과 직접적으로 소통하는 편을 선호하게 되었기 때문이다. 그러니 그 결과가 어떠하리라는 건 쉽게 짐작할 수 있다. 시민은 소비자가 되었고, 투표소에 가는 것은 모험이 되었다. 정당들은 특히 정부로부터 점점 더 많은 지원금을 받기 시작하면서(부정부패의 유혹을 막자는 취지에서 지원금이 지급된다), 차츰 자기들이 대중과 권력 사이에서 매개자 역할을 하는 단체라는 사실을 망각한 채 국가기구의 강독에 둥지를 틀었다. 그곳에 남아 있기 위해서 그들은 정해진 일정 시간(임기)이 흐른 후 유권자들 앞에서 정당성을 입증해 보여야 한다. 선거는 이제 유권자들의 환심을 얻기 위해 미디어를 끼고 인정사정 볼 것 없이 벌이는 전투가 되었다. 선거를 계기로 민중 사이에서 분출되는 격한 감정들은 사실상 겉보기보다 훨씬 깊은 뿌리를 감추고 있다. 그 뿌리란 바로 정치나 그와 유사한 모든 것에 대해 직접적 혹은 간접적으로 느끼는 반감, 짜증이 점점 더 커져간다는 사실이다. 미국 출신 이론가 마이클 하트Michael Hardt는 최근 "선거라는 이름으로 제공되는 상업적 쇼 앞에서 냉소적이 되지 않는 사람을 발견하기란 무척 어려울 것"이라고 말했다.[28] 인터넷에 떠다니는 신랄한 문구를 인용하자면, "선거는 추한 사람들을 위한 미인대회에 불과하다."

영국의 사회학자 콜린 크라우치Colin Crouch는 미디어에 의해 좌지우지되는 이 새로운 체제를 묘사하기 위해 2004년에 처음으로 포스트민주주의post-democracy라는 용어를 사용했다.

이 모델에서는 선거가 분명 존재하고 선거를 통해 정부가 바뀔 수 있음에도 불구하고 선거와 관련한 공적 토론은 철저하게 통제되는 구경거리, 경쟁 관계에 놓인 설득 기술 전문가들 팀에 의해서 관리되는 볼거리, 이 전문가 팀들이 사전에 미리 선택한 극히 제한된 분량의 주제만 다루어지는 스펙터클이 되어버렸다. 시민 대다수는 이들의 지시에 고분고분 잘 따를 뿐 아니라 심지어 완전히 무력하게 이들이 보내는 신호에 반응하는 역할만 할 뿐이다. 이런 식으로 이루어지는 선거놀이의 막후에서 진짜 정치는 선택받은 정부와 주로 재계의 이익을 대변한다고 할 수 있는 엘리트 집단 간의 직접적인 접촉이라는 형태로 이루어진다.[29]

베를루스코니 통치하의 이탈리아가 의심할 여지없이 포스트민주주의 국가의 정의에 가장 잘 들어맞는다. 하지만 그 외의 곳에서도 우리는 이런 부류의 국가를 향해 나아가는 과정들을 쉽게 관찰할 수 있다. 20세기 말부터 시민은 19세기에 살았던 그의 선배와 비슷한 양상을 보이기 시작했다. 시민사회가 권력을 상실하면서 국가와 개인 사이의 골이 다시금 깊어졌다. 민의를 수렴하던 기관들은 자취를 감추었다. 누가 여전히 개인들의 다양한 선호를 통합하는 역량을 발휘할 수 있는가? 누가 여전히 민초들의 열망을 정책으로 바꾸어 국가 최고위층에 전달할 수 있는가? 누가 여전히 민중의 동요를 명확한 개념으로 정제시킬 수 있는가? '개인주의individualism'라는 용어는 마치 모든 집단적 구조를 사라지게 한 상본인이 시민이기라도 한 것처럼 잔뜩 경멸적인 말로 전락했다. 하지만 현실은 어떤가? 시민이 다시금 대중이 되었고, 합창에서는 연상 불협화음이 양산되는 중이다.

　그게 전부가 아니다. 정당의 출현과 보통선거의 도입, 그리고 조직화된 시민사회의 부상과 쇠락, 상업적 미디어의 정권 장악 이후 우리가 살고 있는 21세기 초에 또 하나의 새로운 현상이 나타났다. 소셜미디어의 출현이다. '소셜social'이라는 용어는 사실 상당히 기만적이다. 페이스북, 트위터, 인스타그램, 플리커, 텀블러, 핀터레스트 등은 모두 CNN, 폭스, 유로뉴스 방송 등과 마찬가지로 지극히 상업적인 미디어들이다. 이들 '소셜' 미디어의 소유주들의 유일한 차이점은 사람들이 자기들 소유의 매체들을 시청하거나 청취하는 것이 아니라 글을 쓰기를, 그래서 그 글을 다른 사람들과 공유하기를 원했다는 점이다. 이들의 주요 목표는 회원들을 최대한 오랜 시간 사이트에 붙잡아두는 것이다. 그래야 광고주들에게 유리하니까. 그 때문에 '친구' 또는 '팔로어'가 중요하고, 그 때문에 열나게 '좋아요'와 '리트윗'을 누르도록 유도해야 하며, 그 때문에 회원들이 끊임없이 자기들이 무엇을 하는 중인지 올려야 하고, 반드시 알아야 할 사람들을 소개시켜주어야 하는 것이다. 그뿐인가, 가장 유행하는 핫한 주제들trending topics도 소개한다.

　소셜미디어는 독자적인 추진력을 가진 상업적 미디어다. 서기 2000년대의 시민이 이미 라디오, 텔레비전 또는 인터넷을 통하여 분초 단위로 각종 정치적 사건들의 전개 양상을 따라 잡았다면, 오늘날의 시민은 거기에 더해서 그 사건들에 대해 초 단위로 반응하며 다른 사람들을 결집시킬 수 있다. 직접적인 르포reportage 문화에 즉각적인 반응까지 더해 한층 완성도를 높여가는 중인 것이다. 이로 인해 불협화음은 더욱 가속화된다. 따라서 선출된 정치가를 필두로 하는 공적인 인물들은 녹록치 않은 시간을 보내게 되었다. 이들은 즉각적으로 자기들이 내놓은 제안에 대해 시민이 우호적인 반응을 보였는지 여부를 알 수 있으며, 그 시민에 의해 몇 명이나 되는 '친구' 또는 '팔로어'가 그 문제에 동의했는지까지 알 수 있게 되었다. 이 신기술 때문에 새로운 자율성이 생겨난 건(무바라크와 벤 알리도 이 점에 대해서는 많은 걸 알고 있다) 사실이지만, 이 새로운 자율성이 이미 헐거워진 선거 시스템의 접합부를 한층 더 벌어지게 하는 것 또한 사실이다.

뿐만 아니라 상업적 미디어와 소셜미디어는 서로가 서로를 강화시켜준다. 이들은 끊임없이 서로의 뉴스를 퍼 나르며 이를 반향하기 때문에 상시적으로 중상모략하는 분위기가 자리 잡는다. 극심한 경쟁, 광고주들의 철수, 그로 인한 광고 매출 감소 등으로 말미암아 상업적 미디어들은 나날이 도를 더해가며 온갖 종류의 갈등에 관한 소문이 퍼져나가도록 부추긴다. 이들은 점점 더 제한적인 인원, 그러니까 젊고 비용이 싸게 먹히는 인력으로 꾸려진 제작팀을 가동해서 갈등과 분쟁을 증폭시키는 데 앞장서는 것이다. 라디오와 텔레비전의 경우, 국내 정치는 말하자면 무료봉사하는 배우들이 연기하는 일일연속극이 되어버렸다. 편집진이 어느 정도 선까지 대략적인 테두리, 원고, 배역 등을 결정하고 나면 정치인들이 필요한 만큼의 수위를 정해서 연기하는데 성공률은 그때그때 다르다. 제일 인기가 많은 정치인들은 미리 정해져 있는 각본의 흐름을 바꿔 토론을 새로운 방향으로 이끌어가는 사람들이다. 달리 말하자면 상황을 장악하는 사람들인 것이다. 즉흥 연기가 어느 정도까지는 용납되며, 이 즉흥성을 가리켜 뉴스actualité라고 한다.

문자 매체들의 경우 사정은 조금 더 복잡하다. 신문들은 점점 독자를 잃어가고 정당들은 당원이 없어 비어간다. 민주주의의 노익장들은 21세기 초반에 들어와 비명을 지르며 서로에게 매달리는 조난자들로 전락했다. 그런데 이들은 그렇게 행동하는 것이 그들의 몰락을 한층 더 가속화한다는 사실을 아직도 깨닫지 못하고 있다. 언론이 자유롭다고들 하지만 사실상 생각만큼 자유롭지 않다. 지켜야 할 판형, 판매부수, 주주, 의무적으로 가져야 할 열정 내지는 광기에서 결코 자유로울 수 없기 때문이다.

그러니 그다음이 어떻게 전개될지는 비교적 쉽게 상상해볼 수 있다. 상업적 미디어, 소셜미디어, 정당들이 보여주는 집단 히스테리 속에서 선거 열기는 상시적이 되어버리고 이는 민주주의가 제대로 기능하는 데 심각한 결과를 초래한다. 선거와 관련된 복잡한 계산 때문에 효율성에 손상이 가고, 늘 전면에 나서려는 의욕은 정당성을 저해한다. 현행 선거체제에서는 매번 장기적인 관점과 보편적이고 공동적인 이익이 단기적 안목과 개별적 이익에 패배한다. 사정이 이렇다면, 예전에는 민주주의를 가능하게 하는 수단으로 선거가 구상되었을지 모르겠으나 이제는 오히려 민주주의에 장애가 되는 것으로 보인다. 선거는 저주가 되어간다.

이러한 선거체제에 평정심을 안겨주어도 시원찮을 판인데 오히려 마지막 남아 있던 평정심마저 제거해버린 2008년 금융위기와 그 때문에 촉발된 경제·화폐위기는 불에 기름을 끼얹은 셈이었다. 포퓰리즘, 관료주의, 반의회주의가 걷잡을 수 없이 한꺼번에 끓어올랐다. 1930년대 상황에 비할 정도는 아니라고 할지라도 적어도 1920년대와의 유사성은 점점 더 뚜렷해진다.

만일 미국 건국의 아버지들과 프랑스혁명의 영웅들이 그들이 채택한 방식이 250년 후 어떤 맥락에서 운용될지를 미리 알았더라면 그들은 분명 다른 모델을 택했을 것이다. 오늘날 민의를 파악하기 위해 적절한 절차를 구상해야 한다고 가정할 때, 과연 시민들에게 4년 또는 5년마다 한 번씩 투표소에 가서 기표소의 약간 어두운 조명 아래서 지난 몇 달 동안 시끄럽게 부산을 떨어야 득을 볼 수 있는 지극히 상업적인 분위기 속에서 뉴스를 달궈왔던 명단 속의 이름을 골라잡는 것이, 그러니까 특정 생각이 아니라 특정 사람을 선택하는 것이 가장 좋은 해결책일까? 우리는 지금도 여전히 이 케케묵고 고리타분한 제례가 '민주주의의 위대한 순간'이라고 감히 말할 수 있을까?

우리는 민주주의를 대의 민주주의로, 그리고 대의 민주주의를 선거로 축소해버렸다. 그 결과 가치 있는 체제가 중대한 난관에 부딪치게 되었다. 미국과 프랑스의 혁명 이후 처음으로 차기 선거가 지난 선거보다 더 비중 있게 되었다. 이는 경악할 만한 변화다. 투표함의 시련을 통과했다고 해도 일시적 임기만 허락받을 뿐이다. 우리는 점점 짧아지는 노를 잡고 배를 젓는다. 민주주의는 깨지기 쉽다. 2차 세계대전 이후로는 과거 그 어느 때보다도 더 깨지기 쉬워졌다. 우리가 신경 쓰지 않으면 민주주의는 차츰차츰 선거독재로 전락할 것이다.

이렇게 되어가는 과정은 사실 전혀 놀랍지 않다. 18세기 말에 발명된 것들 가운데 21세기 초반까지도 여전히 유용한 것이 몇 가지나 되는가? 역마차? 열기구? 코담배갑? 그러니 그다지 듣기 좋은 소리는 아닐지라도 여기서 일단 결론을 끄집어내야 한다. 요컨대 오늘날 선거는 원시적인 도구가 되어버렸다. 선거로만 요약되는 민주주의는 사형선고를 받은 것이나 다름없다. 그건 말하자면 우리가 고압전선이며 관광용 비행기들의 출현, 새로운 기후 변화 추이, 토네이도, 우주 정거장 따위의 변수는 전혀 고려하지 않은 채 하늘을 열기구에게만 열어주는 격이다.

자율성은 세계를 변화시킨다. 과연 누구에게 발언권이 주어질 것인가? 이것은 매우 중요한 문제다. 인쇄술이 발명되기 전에는 유럽 전역에서 사제, 군주, 국왕 같은 몇몇 사람들만이 기록된 글을 필사할 것인지 말 것인지 여부를 결정할 권한을 지니고 있었다. 그러나 인쇄술의 출현으로 이 권한을 가진 사람은 수천 명으로 늘어났다. 그 덕분에 과거의 권위는 쇠락의 길을 걷게 되었다. 구텐베르크의 발명은 중세에서 르네상스 시대로 가는 길목을 열어주었다. 오늘날 소셜미디어의 출현과 더불어 우리는 모두가 인쇄소를 소유하게 되었다고 말할 수 있다! 그뿐 아니라 모두가 필사실의 수장이라고도 할 수 있다. 시민은 이제 독자가 아니라 편집장이다. 이 사실은 역학 관계에서 엄청난 변화를 의미한다. 단단하게 뿌리를 내린 거대 기업들도 불만을 가진 몇몇 고객들의 행동 앞에서 고개를 숙일 수밖에 없다.[30] 도저히 무너뜨릴 수 없을 것 같아 보이던 독재자들도 소셜미디어를 통해 조직화된 군중들 앞에서 그들이 이룩한 아성이 무너지는 광경을 지켜봐야 한다. 사회 구성원들의 목소리는 더 이상 정당을 지지하는 것이 아니라 정당을 산산이 부숴버린다. 정당들이 자기들의 이익을 지키기 위해 고집하는 가부장적인 고전적 모델은 시민 각자가 다른 어느 때보다도 자율적이 된 지금 시대에는 더 이상 먹혀들어가지 않는다. 대의 민주주의는 본질적으로 수직적 모델인데, 우리가 사는 21세기는 점점 더 수평적인 사회로 나아간다. 과도기 경영을 가르치는 네덜란드 출신 얀 로트만스Jan Rotmans 교수는 최근 이에 대해 다음과 같이 말했다.

우리는 중심에서 주변으로, 수직 사회에서 수평 사회로, 위에서 아래로의 하향식 움직임이 아니라 아래서 위로의 상향식 움직임으로 나아간다. 우리가 이러한 중앙집권적이고 수직적인 사회를 건설하기까지 100년이 넘는 시간이 걸렸다. 그런데 이제 이러한 사고는 완전히 뒤죽박죽이 되어버렸다. 그러므로 우리는 이제껏 배웠던 것은 잊고 새로운 것을 배워야 한다. 가장 큰 장애는 우리 머릿속에 존재한다.[31]

선거는 정치에서 화석연료라 할 수 있다. 과거에는 선거가 민주주의에 엄청난 자극제가 되었다. 석유가 경제에 활력을 불어넣은 것과 같은 이치다. 하지만 지금에 와서 선거는 거대하면서 완전히 새로운 문제들을 야기하는 것이 사실이다. 우리가 서둘러서 이 민주주의 화석연료의 본질에 대해 고민하지 않는다면 대규모 위기가 우리를 위협하게 될 것이다. 경제 불안, 고삐 풀린 미디어 체제, 요동치며 변화하는 문화 등으로 특징지을 수 있는 이 시대에 오로지 선거에만 계속 매달리는 것은 민주주의를 거의 생매장하는 것이나 다름없다.

　그런데 어쩌다가 이 지경이 되었단 말인가?

3장

민주주의의 작은 역사, 선거로 축소된 민주주의

고대와 르네상스의 민주적 절차, 제비뽑기

페르딘 교수는 내가 이제까지 만나본 가운데 가장 열정적인 교수들 중 한 명이다. 대학 초년생 시절 나는 페르딘 교수가 강의하는 역사방법론을 들었다. 아주 건조하고 딱딱하지만 반드시 이수해야 하는 필수 과목이었다. 그 외에 그리스 역사 강의도 들었다. 강의가 있을 때마다 페르딘 교수는 우리 앞에서 사근사근한 목소리로 미노스 문명, 스파르타의 정치체제, 아테네 함대의 세력 강화, 알렉산드로스 대왕의 정복 등을 설명했다. 그는 이를테면 과거 시대의 유물 같은 교수였다. 슬라이드와 오버헤드 프로젝터 같은 건 사용하지 않았으며, 파워포인트는 아직 세상에 나오기도 전이었다. 그는 순전히 부드러운 음성으로 읊어대는 이야기만으로 무려 2시간 동안이나 우리를 사로잡았다. 단정한 양복 정장에 당연히 넥타이를 매고 두꺼운 안경을 쓴 완전 백발의 교수. 페르딘 교수는 박학다식한 데다 달변이었으며 인간적이었다. 그때가 1989년 가을이었고, 나는 막 고고학 공부를 시작한 참이었다.

어느 월요일 아침, 강의 시작 직전에 학교 친구들 가운데 한 명이 자랑스럽게 자기 손바닥 위에 깨진 돌조각 하나를 올려놓았다. 주말에 베를린에서 벌어진 축제에 다녀왔다는 것이었다. 베를린 장벽은 그보다 며칠 전에 무너졌다. 미래의 고고학자였던 그 친구는 축제의 열기에 취한 와중에도 바닥에 뒹굴던 콘크리트 조각 몇 개를 집어올 정신은 있었던 모양이었다.

페르딘 교수—그에게는 성만 있을 뿐, 이름은 없는 거나 마찬가지였다—는 그날 우리에게 기원전 5세기 무렵 아테네의 제도에 대해서 이야기했던 것 같다. 페리클레스의 세기, 그리스 도시국가, 민주주의의 탄생 등, 우리는 동독 사람들이 얼마나 영예로운 전통에 합류하게 되었는지를 배울 참이었다.

하지만 페르딘 교수가 언급할 세계는 우리가 텔레비전을 통해서 실시간으로 대하는 세계와는 멀어도 한참 멀었다. 나는 당시 강의를 들으며 적어놓은 메모들을 지금까지도 고이 보관하고 있다. 나는 낯익은 내 필체로 '목표: 정치적 평등'이라고 적은 다음 그 아래쪽에 다음과 같이 덧붙였다. '모든 주민이 아니라 오직 시민들 사이에서만, 오직 극소수만.' 나는 당시 약간 실망했던 기억을 간직하고 있다. 베를린 사람 모두가 추위 속에서 "민중, 그건 바로 우리Wir sind dans Volk"라고 외치는데, 고대 아테네에서였다면 이 파카를 입은 군중들 가운데 거의 아무도 도시국가 경영에 참여할 자격을 얻지 못했을 테니까. 페르딘 교수의 강의 내용 메모에 따르면, "우리는 '민주주의'라는 용어를 사용할 때, 폴리스polis라는 제도가 지닌 특성, 곧 시민권의 배타적 본질을 망각해서는 안 된다." 그곳에서는 여자와 외국인, 미성년자, 노예들 가운데 어느 누구에게도 참정권을 부여하지 않았다.

더 이상한 점도 있었다. 페르딘 교수는 아테네의 세 가지 주요 기관이 민회, 500인 평의회, 민중법원이라고 가르쳐주었다. 또 모든 시민은 여기에 참여할 수 있으나, 우리가 과소평가해서는 안 될 세 가지 양상이 있다고 다소 엄숙하게 경고했다.

"첫째, 시민들의 참여는 직접적인 방식으로 이루어졌다. 이 점은 민의를 대신하는 일이 전문가들의 임무인 우리의 현 체제와는 상반된다. 오늘날에는 오직 형사법원의 배심원만이 유일하게 보통 시민으로 구성된다. 둘째, 중요한 결정은 매우 많은 사람들로 이루어진 대중들에 의해서 판가름 났다. 민회 또는 에클레시아Ecclésia에는 보통 수천 명이 모였다. 시민이 배심원으로 참석하는 민중법원 또는 헬리아이아Heliaia도 구성원이 6,000명이나 되었다. 일부 법정의 경우 수백 명의 시민들이 배심원으로 참여했다. 이 역시 민주주의의 과두정치화 현상이 어느 정도 관찰되는 우리의 현 체제와는 전적으로 다르다고 할 것이다."

과두정치화oligarchisation. 페르딘 교수의 입에서 튀어나온 대로 받아 적은 말이다.

그러나 제일 신기한 점은 이제부터 나올 판이었다. "셋째, 모든 직책은 제비뽑기로 정해졌으며, 여기서 모든 직책이라고 할 땐, 몇 가지 사항을 제외하면 행정직도 포함된다." 나는 정말이지 놀라 자빠질 지경이었다. 그 당시 내 나이 열여덟, 바야흐로 투표권이 주어지는 나이였다. 이제 곧 나는 태어나서 처음으로 내가 가장 믿을 만하다고 생각되는 누군가를, 어떤 정당을 선택해야 했다. 종이 위에 적을 땐 이 같은 아테네식 평등이 제법 근사해 보이지만, 나라면 과연 페르딘 교수가 상세하게 설명해주는 행운권 추첨식의 민주주의에서 살고 싶어 했을까? 거기서 한술 더 떠서 자유선거를 외치며 거리로 쏟아져 나온 동독 사람들은 과연 그걸 원했을까?

제비뽑기는 나름대로 장점이 있다고, 나의 심란한 마음 따위는 전혀 아랑곳하지 않는 페르딘 교수가 침착하게 설명을 계속했다. "제비뽑기의 목적은 사사로운 영향력을 무력화시키는 데 있다. 로마 시대에는 제비뽑기가 존재하지 않았는데, 그 결과 무수히 많은 부패 스캔들이 발생했다. 더구나 아테네에서는 제비뽑기로 선출된 자들에게 할애된 자리의 임기가 1년에 불과했고, 한 번 그 자리에 앉은 사람은 일반적으로 재임되는 경우가 거의 없었다. 그 때문에 시민들은 모든 수준에서 자리를 내어주고 물려받아야 했다. 말하자면 최대한 많은 수의 시민들을 나라 살림살이에 참여시키고, 이를 통해 평등을 구현하려 했던 것이다. 제비뽑기와 교대 책임제rotation야말로 아테네 민주주의 체제의 핵심이었다."

나는 열광과 불신 사이에서 주저했다. 나라면 선출된 것이 아니라 제비뽑기를 통해 당첨된 사람들로 꾸려진 정부에 신뢰를 보낼 수 있을 것인가? 도대체 이런 체제가 제대로 기능할 수 있었단 말인가?

어떻게 해야 미숙한 아마추어리즘을 방지할 수 있단 말인가?

　"아테네가 따르던 체제는 교조적이라기보다는 실용적이었다"고 페르딘 교수는 강의를 이어갔다. "이는 이론에서 출발한 것이 아니라 경험에 토대를 둔 체제였다. 가령 군사와 재정 분야에서 가장 고위직은 제비뽑기로 충원하지 않았다. 그 분야는 선거를 통해 적합한 인물을 선출했으며 차례로 돌아가면서 업무를 맡는 교대 책임제를 의무적으로 적용하지도 않았다. 그러므로 역량 있는 인재들은 얼마든지 재임할 수 있었다. 페리클레스가 14년 연속으로 전략을 담당하는 책사로 선출된 것도 다 그런 이유 때문이다. 이 경우 평등의 원칙은 안보 우선 원칙에 자리를 양보한다. 하지만 이런 경우는 엄청나게 많은 여러 부서들 가운데 극히 소수에 불과했다."

　강의가 끝난 후 대형 강의실을 나서면서 나는 실망감과 동시에 미망에서 깨어나는 듯한 묘한 느낌을 맛보았다. 서글프긴 하나 훨씬 현명해졌다는 느낌이랄까. 우리가 신봉하는 민주주의의 신화적인 요람은 따지고 보면 불안정한 절차에 따라 움직이는 원시적 체제에 불과했다. 특히 제비뽑기에 교대 책임제라면 옛날 옛적, 그러니까 샌들을 신고 옷이라고는 어깨에 천 하나 척 걸친 사람들이 모래 많은 시장 광장에서 새로운 신전을 지을 것인가 말 것인가, 우물을 하나 더 팔 것인가 말 것인가를 두고 하루 온종일 수다를 떨 수 있었던 시절에 존재하던 소규모 국가에나 적합한 제도였다. 그런데 복잡다단한 현대 세계의 동요를 잠재우기 위해 그런 제도에서 영감을 얻으라니? 무너진 베를린 장벽에서 떨어져 나온 잔해가 우리 손바닥 위에서 벌겋게 타오르는 석탄 조각처럼 화끈하고 아리게 느껴졌다.

　　최근에 나는 내 서류 보관함에 모셔놓았던 페르딘 교수의 강의
록을 꺼내 다시 뒤적거려 보았다(난 이제 그의 이름이 헤르만, 헤르만 페
르딘이라는 사실을 알고 있다). 요즘 우리가 느끼는 민주주의 피로감
증후군이 현재 통용되는 선거 대의 민주주의 때문이라면, 우리가 느
끼는 민주주의의 위기를 선거라는 절차(우리는 민주주의=선거라는 식
으로 민주주의를 축소시켜버렸다고 앞에서 이미 말했다) 탓으로 돌리는
것이 마땅하다면, 선거가 민주주의의 버팀목이 되어주는 것이 아니
라 오히려 민주주의에 제동을 거는 것이 사실이라면, 과거에 우리가
민주주의적 열망에 어떻게 대응해왔는지를 살펴보는 것도 유익하리
라 여겨진다.

　　이러한 호기심을 가진 사람은 비단 나만이 아니다. 최근 몇 년
사이 대학 사회에서는 현행 민주주의 체제에 대해 특별한 관심을 보
여왔으며 그 관심은 날이 갈수록 커져가고 있다.[1] 프랑스의 정치학자
베르나르 마냉Bernard Manin은 1995년 『대의 통치의 원칙Principes du
gouvernement représentatif』이라는 저서를 출판함으로써 그 포문을 열었다.
"현대의 민주국가들이란 민주주의에 반대하기 위해 일부 인사들이
제안하고 정립한 통치 형태에서 비롯되었다"는 이 책의 첫 문장은
그 하나만으로도 충분히 폭탄 효과를 낸다. 마냉은 선거가 이토록 큰
중요성을 갖게 된 기원에 대해 처음으로 관심을 갖고 이를 천착한 인
물이다. 그는 미국과 프랑스혁명 직후 선거를 통한 대의 민주주의 체

제를 선택하기까지의 과정을 상세하게 추적했다. 도대체 선거가 도입된 건 무슨 목적에서였을까? 민주주의로 인한 소요를 방지하기 위해서였다! "대의 민주주의 통치는 선거에 의해서 선출된 대표들이 그들을 뽑아준 유권자들과 사회적으로 뚜렷하게 구분되며, 또 마땅히 그래야만 하는 고귀한 시민들이라는 의식을 바탕으로 세워졌다." 따라서 현행 민주주의의 기저에는 다른 무엇보다도 소수특권적인 반사작용이 똬리를 틀고 있는 셈이다. 결론적으로 오늘날 우리가 알고 있고 도처에서 실행되는 대의정치 체제는 "민주주의적 특성과 비민주주의적 특성을 동시에 지니고 있다"고 말할 수 있다.[2] 이 얼마나 엄청난 파장을 지닌 결론인가! 이 점에 대해서는 뒤에서 다시 언급하겠다.

마냉의 뛰어난 연구가 발표된 이후 최근 몇 해 사이에 몇몇 혁신적 연구들이 앞서거니 뒤서거니 세상에 나왔다.[3] 그러한 연구들은 한결같이 현행 민주주의가 지난 2세기 동안 일어난 여러 가지 우발적 상황이 빚어낸 결과물임을 지적한다. 이 연구들의 의도는 비록 다른 형태의 민주주의가 과거에 존재했음을 보여주려는 것이기는 해도 매우 신선한 시선으로 지난 여러 세기를 조명한다.

자, 그렇다면 미국과 프랑스혁명 이전 시대에는 상황이 어땠을까? 가령 고대 시대 혹은 르네상스 시대에는 각기 다른 여러 곳에서 제비뽑기가 매우 중요한 역할을 했던 것으로 보인다.

기원전 4, 5세기 무렵 아테네—다시 한 번 이 시대를 잠시나마 살펴보자—에서는 가장 중요한 통치기관들이 제비뽑기를 통해 필요한 인원을 모집했다. 500인 평의회Boule, 민중법원, 그리고 거의 모든 행정직arkhai이 이런 방식으로 충당되었다. 500인 평의회는 아테네 민주통치체제의 중추가 되는 기관으로, 법안을 가다듬고 민회의 회합을 준비했으며, 재정과 공공사업, 행정을 관리할 뿐 아니라 이웃한 세력들과의 외교 관계까지 책임졌다. 한마디로 제비뽑기로 선택된 사람들이 국가권력의 중추 역할을 맡았다. 뿐만 아니라 총 700개의 관직 중에서 600개를 제비뽑기로, 나머지 100자리만 선거로 담당자를 뽑았다. 매일 아침 민중법원에서는 6,000명의 시민 풀pool에서 제비뽑기 방식으로 배심원 수백 명을 추렸다. 이를 위해서 부족 별로 짧은 홈들이 다섯 줄로 새겨진 커다란 비석, 즉 클레로테리온klèrotèrion을 이용했다. 배심원 후보자들은 저마다 홈 안에 자신의 이름표를 넣었다. 제비뽑기는 클레로테리온 옆에 마련된 수직으로 닫힌 용기에서 채색된 구슬을 빼내는 식으로 이루어졌으며, 각각의 구슬은 이름표들이 꽂혀 있는 5개의 줄 각각에 대응했다. 제비뽑기로 뽑힌 사람들은 직무를 수행하면 되었다. 이를테면 사법 정의 구현이니 사법권의 균형 잡힌 분배 같은 거창한 일을 주사위 던지기 혹은 룰렛 굴리기에 의존하는 식이었던 것이다.

제비뽑기는 그러므로 입법, 행정, 사법, 이렇게 삼권 모두에 해당되었다(〈표 2b〉). 제비뽑기로 구성된 500인 평의회는 새로운 법안을 준비하고, 이 법안은 민회에서 표결에 붙여졌다. 역시 제비뽑기에 의해 구성된 민중법원은 그 법안의 합법성을 검토했으며, 제비뽑기로 뽑히거나 선출된 행정직 인사들은 법의 집행을 담당했다. 500인

〈표 2a〉 기원전 4, 5세기 무렵 아테네 민주체제를 지탱하던 주요 기관

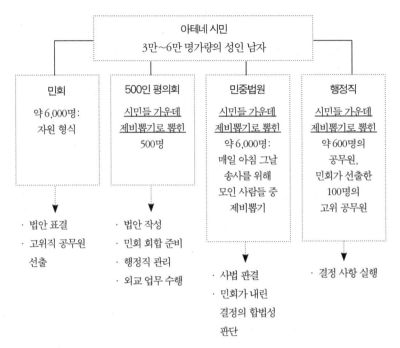

〈표 2b〉 주요 기관들 간의 입법, 행정, 사법권 분배

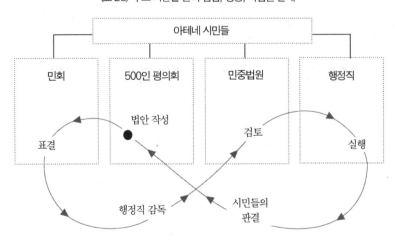

평의회는 행정부를 감독하고, 민중법원은 사법권한의 적절한 행사를 책임졌다.

아테네 민주주의가 지닌 놀라운 특징은 신속한 임기 교체다. 배심원의 임기는 단 하루이고, 평의회나 행정직은 임기가 1년(급여 지급)이었다. 한 번 평의회 구성원이 되면 연속 2년은 불가하나 1회에 한해서 연임이 가능했다. 스스로 공직을 수행할 만한 자격이 있다고 판단되는 모든 시민은 공직에 출마할 권리가 있었다. 덕분에 상당히 광범위한 시민 참여가 가능했으며 30세 이상의 시민 가운데 50에서 70퍼센트가 적어도 한 번 이상 평의회 구성원으로 일했다.

오늘날의 우리는 아테네 민주주의가 그 절정기를 맞이하였을 때조차도 제비뽑기라는 독특한 원칙에 의해 운영되었다는 사실에 놀라움을 감추지 못한다. 그러나 이는 그 당시 동시대인들에게는 지극히 당연했다. 특히 아리스토텔레스는 단도직입적으로 말한다. "나는 행정직을 예로 들겠다. 제비뽑기는 민주주의적이며 선거는 과두정치적이다." 아리스토텔레스는 자신이 일종의 중간 형태 옹호자였음에도 제비뽑기와 선거에 대해 전자는 민주주의적이나 후자는 그렇지 않다고 평가함으로써 둘의 차이를 명확하게 구분했다. 이러한 관점은 그의 다른 저술에서도 눈에 띈다. 스파르타에 대해 언급하면서 그 나라의 구성에는 "과두정치적 요소가 더러 포함되어 있다. 가령 모든 행정직은 선출직이며 제비뽑기에 할당된 직책이라고는 전혀 없다"고 지적했다. 그의 관점으로는 제비뽑기가 훨씬 민주주의적이었다. 실제로 아테네 민주주의의 가장 큰 특징 가운데 하나로 정치가와 시민,

통치자와 피통치자, 군주와 백성 사이에 아무런 구분이 없다는 점을 꼽을 수 있다. 오늘날 우리가 당연한 것으로 받아들이는 '직업 정치인, 정치 전문가'라는 직책에 대해 보통 아테네 시민이라면 상식에 어긋나는 것, 부조리한 것이라는 느낌을 지울 수 없을 것이다. 아리스토텔레스는 여기에 더해서 자유에 관해 매우 흥미로운 사고를 펼친다. "민주주의 체제의 기본 원칙은 바로 자유다. …… 그런데 자유의 특징 가운데 하나는 번갈아가면서 통치하는 자가 되고 통치 받는 자가 된다는 점이다."[4] 무려 25세기가 지났건만 여전히 놀라울 정도로 정확한 지적이 아닐까. 자유란 늘 자기만 권력을 잡는 것이 아니다. 자유란 늘 권력을 존중하기만 해야 하는 것도 아니다. 수동적으로 권력에 복종하는 것은 더더욱 아니다. 자유란 자율성과 충성심, 통치와 피통치 사이의 균형이다. 페르딘 교수가 경고했던 25년 전과 비교해도 그때보다 훨씬 민주주의의 과두정치화가 극성을 부리는 오늘날, 이와 같은 진리는 완전히 망각되고 있다.

　아테네의 민주주의를 가리켜 흔히 '직접' 민주주의라고 정의한다. 페르딘 교수는 우리에게 민회가 매월 개최되었으며, 수천 명의 시민들이 그 집회에 참석했다고 설명했다. 하지만 정작 중요한 일들은 더 전문적인 다른 기관들, 즉 민중법원과 500인 평의회, 행정직들에서 이루어졌다. 다시 말해서 시민 전체가 참여했다기보다 우연에 의해서, 그러니까 제비뽑기에 의해 구성된 표본이 주요 업무를 도맡았다는 말이다. 아테네 민중은 이러한 기관들이 중요한 사안을 결정할 때 직접적으로 참여하지는 않았다. 그러므로 나는 최근 발표된 한 연구 결과에 전적으로 동의한다. 그 연구는 아테네 민주주의를 '직접' 민주주의가 아니라 선거를 통하지 않은 매우 특별한 유형의 대의 민주주의로 묘사한다.[5] 나는 거기서 조금 더 나아가려 한다. 민의를 대표하는 기능이 제비뽑기에 의해 위임되기 때문에 이 경우 임의적 대의 민주주의démocratie représentative aléatoire(여기서 aléatoire는 라틴어에서 주사위를 뜻하는 alea에서 파생되었다)라고 말해야 한다는 것이 나의 생각이다. 임의적 대의 민주주의는 통치자와 피통치자 사이의 구분이 선거가 아닌 제비뽑기로 결정되는 간접 통치의 형태다. 서유럽 정치사에서 이러한 유형의 통치 사례는 일반적으로 생각하는 것보다 훨씬 풍성하게 등장한다.

　로마공화국에는 아테네식 제비뽑기 체제의 흔적이 여전히 남아 있었으나, 이 흔적들은 제국 시대로 접어들면서 곧 폐기되었다. 중세에 들어와 이탈리아 북부에서 도시들이 비약적으로 발전하면서 비로소 이 체제가 다시금 각광받게 된다. 볼로냐(1245년), 비첸차(1264년), 노바라(1287년), 피사(1307년) 등지에서는 일찌감치 그 같은 전조가 감지되었으나, 이와 같은 현상을 가장 충실하게 문서화한 곳은 대도시였던 베네치아(1268년)와 피렌체(1328년)였다(〈표 3〉).
　피렌체에서도 마찬가지였지만, 베네치아에서는 제비뽑기 방식을 이용하되 전혀 다른 방식으로 이를 차용했다. 베네치아에서는 여러 세기에 걸쳐서 나라의 수장, 즉 도제doge라 불리는 총독을 정할 때 이 방법을 썼다. 베네치아공화국은 민주국가가 아니라 몇몇 강력한 귀족 가문들이 통치하는 과두체제 국가였다. 정부 관직은 수백에서 수천 명에 이르는 귀족들이 장악했으며, 이들 각각은 1명당 전체 주민의 1퍼센트를 대표했다. 이들의 4분의 1에서 3분의 1이 거의 모든 공직을 차지했다고 보면 된다. 도제는 영구직으로, 일단 한 번 도제가 되면 죽을 때까지 도제였으나 왕정과는 달리 세습은 불가능했다. 세력 있는 가문들 사이의 알력을 피하기 위해 새로운 도제는 제비뽑기로 선출되었으나, 확실하게 역량을 갖춘 인물을 국가의 지도자 자리에 앉히기 위해서 제비뽑기에 선거를 결합시키는 독특한 방식을 채택했다. 그 결과, 닷새 동안 10가지 단계를 밟는 엄청나게 복잡한 절차가 태어났다. 이 절차는 우선 베네치아 귀족 출신 인사 500명(14세기부터는 이 숫자가 끊임없이 늘어났다)으로 구성된 대평의회Consiglio Grande를 소집하는 것으로 시작된다. 이들 각자가 자기 이름이 적힌 발로타ballotta라고 부르는 나무 공을 항아리 안에 넣는 동안 평의회 구성원들 가운데 가장 나이가 어린 사람은 회의실을 떠나 산마르코 대성당으로 간다. 그곳에서 그는 제일 처음 마주친 8살에서 10살 된 소년을 데려온다. 어린 소년은 도제 선출을 위해 모인 평의회에 합류하여 발로티노ballottino, 즉 '나무 공을 꺼내는 사동使童' 역을 맡는다. 순진한 어린아이의 손으로 평의회에 참석한 사람들 가운데 30명의 이름이 추려지고, 이는 다시 2차 제비뽑기에 의해 9명으로 줄어든다.

이들 9명이 첫 번째 선거인단이 된다. 9명으로 구성된 선거인단의 규모를 40명까지 확대시키는 것이 이들의 임무다. 이는 투표에서 정족수를 얻은 후보자들을 영입해가는 과정으로 사실상 동료집단에

〈표 3〉 정치 도구로서의 제비뽑기: 고대와 르네상스 시대의 경우

	아테네 **클레로테리온(기원전 462~322)**	베네치아 **발로타(1268~1797)**
목적	· 정치적 평등성 강화 · 국가 경영에 최대한 많은 시민의 　참여 유도	· 최고 지도자 선출과 관련하여 　귀족 가문들 간의 갈등 방지
대상	3만에서 6만 명의 시민, 즉 25만 내지 30만 명가량의 주민 가운데 10~24퍼센트	평의회 구성원 600내지 1,600명, 곧 총 주민 10만~13만 5,000명 가운데 0.6~1.2퍼센트
제비뽑기	국가 주요 통치기관에서 일할 자 임명: · 500인 평의회(500명) · 민중법원(6,000명) · 행정직(600명)	최고 지도자 임명: 도제 임명을 위한 선거 위원회 구성
어떻게	1. 자원 2. 제비뽑기(클레로테리온 사용) 3. 계산서 제시	1. 대평의회 2. 제비뽑기와 선거를 차례로 거치는 　10단계 3. 나무공 뽑기
교체	1년마다(최대 두 번 가능)	
선거	최고위직 · 군대 수장 10명 · 고위직 공무원 90명	도제 임명을 위해 선거와 제비뽑기 혼합
비슷한 제도를 가진 다른 곳	· 밀레트와 코스 · 헬레니즘 시대, 　초기 로마 시대의 아테네 · 로마 공화정 　(평의회Comices tributes)	파르마, 이브레아, 브레시아, 볼로냐

피렌체 **임보르사치오네(1328~1715)**	아라곤 **인사쿨라시온(1350~1715)**
· 경쟁 파벌 간의 갈등 방지	· 안정성 확보 · 권력 편중 타파
7,000~8,000명의 시민 총 주민 9만 명 가운데 7~9퍼센트	시민들: 총 주민 가운데 1~16퍼센트 (도시별로 각기 다름)
국가의 통치 기관에서 일할 자 임명 · 입법평의회 · 행정부(시의회) · 정부 위원	· 선거인단(베네치아와 비교해볼 것) · 지역 수장(피렌체와 비교해볼 것 · 국회 구성원Cortes 등의 임명
1. 지도자 혹은 가문의 제안 2. 동료집단에 의한 선출 3. 제비뽑기 4. 선별	1. 제안 2. 동료집단에 의한 선출 3. 제비뽑기
빠른 교체, 겸직 불가	빠른 교체: 1년
동료집단에 의한 선출	동료집단에 의한 선출: 위에서부터 내려오는 하향식 선거
오르비에토, 시에나, 피스토이아, 페루자, 루카, 뮌스터와 프랑크푸르트	사라고사, 헤로나, 타라고나, 우에스카, 세르베라, 시우타데야, 마요르카, 레리다, 이구알라다, 라만차, 무르시아, 에스트레마두라

의한 선거 형태라고 볼 수 있다. 이렇게 해서 뽑힌 40명을 두고 다시 제비뽑기를 실시해서 12명을 추려내고, 이들이 다시 동료집단에 의한 선거를 통해 25명으로 인원수를 불린다. 이렇듯 선거인단은 매번 제비뽑기에 의해 구성원 수를 줄이고, 이들은 다시 투표를 통해 인원을 늘리는 과정이 한동안 반복된다. 제비뽑기라는 우연적 방식과 선거 방식이 번갈아가면서 사용되는 것이다. 아홉 번째이자 마지막 단계를 거치면서 선거인단은 41명으로 확정된다. 이들이 도제를 뽑는 궁극적인 선거에 들어간다.

어리석을 정도로 복잡해 보이는 베네치아 방식과 관련해서, 정보과학 전문가들은 최근 이러한 지도자 선출 방식이 매우 흥미진진할 수 있음을 밝혀냈다. 이 방식을 통하면 소수자들에게 기회를 제공하고, 일부 유권자들이 금전에 매수되는 관행도 바로잡을 수 있는 동시에 실제적으로 가장 인기 많은 후보자가 당선될 수 있다는 것이다. 그뿐 아니라 이 방식은 사소한 장점들까지 부각시킴으로써 타협적인 후보자들에게 유리하다. 이는 새로 임명될 지도자의 효율성과 정당성을 강화시키는 결과를 낳는다.[6] 어찌되었든, 역사학자들은 베네치아공화국이 누린 예외적으로 긴 정치적 안정성은 적어도 부분적으로는 매우 독특한 발로타 방식 덕분이라고 입을 모은다. 베네치아공화국은 나폴레옹에 의해 종말을 맞기까지 무려 5세기 동안이나 번영을 누려왔다. 제비뽑기가 아니었다면 베네치아공화국은 틀림없이 명문세도가들 간의 패권 다툼으로 이보다 훨씬 일찍 멸망의 길을 걸었을 것이다(마음속으로 은근히 우리는 오늘날의 정부들도 이와 마찬가지로 정당 간의 싸움 때문에 멸망의 길을 자초하고 있지 않은지 자문해보게 된다).

한 가지 사소한 이야기를 덧붙이자면, 베네치아 체제는 오늘날 그 이름만 살아남아 전해진다. 어원에만 그 비밀이 남아 있는 기묘한 궤적을 따라가보자. 영어에서는 투표지를 벨로트ballot라고 하는데, 이 말은 제비뽑기에 사용되는 공을 뜻하는 이탈리아어 발로테ballotte에서 직접적으로 파생했다. 네덜란드어에는 'balloteren'이라는 동사가 있는데, 이 단어는 단체에서 새로운 회원의 가입 여부를 결정하기 위해 동료집단이 투표를 할 때 사용된다. 이 어근은 프랑스어 'ballottage'에서도 살아남았다. 지금은 1차 투표에서 당선에 필요한 표를 얻지 못한 상태를 가리키는 이 말은 18세기까지만 하더라도 '제비뽑기'를 뜻했다.

피렌체의 경우, 상황은 사뭇 다르게 전개되었다. 피렌체의 제비뽑기는 '자루에 넣기' 또는 '항아리에 넣기'라는 뜻을 가진 임보르사치오네imborsazióne라는 형태로 알려졌다. 이곳에서도 경쟁관계에 있는 다양한 집단들 사이의 갈등을 방지한다는 목적을 내걸었다는 점은 베네치아와 다르지 않았으나, 피렌체인들은 이 목적을 실행에 옮기는 데 있어서 베네치아인들보다 훨씬 더 철저했다. 비단 나라의 최고 지도자 자리만이 아니라 거의 모든 행정직과 공무원을 제비뽑기 방식으로 분배하고자 했기 때문이다. 베네치아가 귀족 가문들의 공화국이었다면, 피렌체는 상층 부르주아들과 강력한 동업자조합이 지배하는 공화국이었다. 고대 아테네에서와 마찬가지로 주요 기관들, 그러니까 시뇨리아Signoria de Firenze, 즉 정부와 입법평의회, 정부 위원들은 제비뽑기로 선출된 시민들이 장악했다. 정부는 아테네의 500인 평의회와 마찬가지로 최고집행기관으로서 외교, 행정 관리 감독, 심지어 법안 준비까지 도맡았다. 그러나 아테네와는 다르게 피렌체의 시민들은 본인의 의사에 따라 자유롭게 입후보할 권리가 없었다. 이들은 자신이 속한 동업조합이나 가족 또는 다른 기관의 추천을 받아야 비로소 후보로 나설 수 있었으며, 이들 후보들을 가리켜 노미나티 nominati, 즉 지명을 받은 자라고 불렀다. 그런 다음 2차 선별과정이 뒤따랐다. 다양한 인물들로 구성된 시민위원회에서 투표를 통해 누가 행정직을 맡아야 할지 결정하는 것이었다. 이 과정이 끝나면 트라타la tratta, 즉 본격적인 제비뽑기에 돌입했다. 그 후, 예를 들어 한 번 임명되었던 자 또는 형을 선고받은 자 등의 이름을 배제시켰다. 피렌체의 절차는 모두 합해서 추천 제안, 투표, 제비뽑기, 부적합자 제외 등의 네 단계로 이루어졌다. 아테네에서처럼 여러 직책을 겸직하는 것은 금지되었으며, 임기 1년이 끝나면 물러나야 했다. 역시 아테네에서처럼 이 체제는 시민들의 대대적인 참여를 독려했다. 전체 주민의 75퍼센트를 웃도는 사람들이 추천을 받았다. 노미나티들은 자신들이 두 번째 단계인 투표의 관문을 통과했는지 여부를 알지 못했다. 통과자 명단은 비밀에 부쳐졌기 때문이다. 공직—그 자리는 적어도 수천 개에 이르렀다—을 맡도록 부름 받지 못했다면 그건 제비뽑기에서 떨어졌거나 투표에서 떨어졌거나 둘 중 하나였다.

파르마, 이브레아, 브레시아, 볼로냐 같은 도시에서는 베네치아 방식을 택한 반면, 피렌체 방식은 오르비에토, 시에나, 페루자, 루카에서 활용되었다. 빈번하고 번창한 상업적 교류 덕분에 이 체제는 프랑크푸르트까지도 전해졌다. 이베리아 반도 내에서는 레리다 (1386년), 사라고사(1443년), 헤로나(1467년), 바르셀로나(1498년) 같은 아라곤 왕국 여러 도시들이 이 체제를 채택했다. 이 지역에서 제비뽑기는 인사쿨라시온insaculación이라고 불렸으며, 이는 이탈리아어 'imborsazióne', 즉 '자루에 넣기'를 문자 그대로 스페인어로 옮긴 것이다. 이곳에서도 이 관습은 공권력을 공정하게 분배함으로써 정치의 안정을 꾀하는 것을 목적으로 삼았다. 누가 국가 또는 마을의 경영을 맡는 특권을 누리게 될 것인지, 누가 선거인단 구성원으로 뽑힐 것인지를 알기 위해 끊임없이 갈등을 빚을 필요가 없이, 모든 것은 신속하게, 그리고 지극히 중립적으로 판가름 났다. 자신들이 바라던 결과가 나오지 않아도 머지않아 또 다른 기회가 올 것이라고 자위할 수 있었다. 아테네와 마찬가지로 피렌체에서도 제비뽑기를 통해 배분되는 자리는 1년 이상 차지할 수 없었다. 이처럼 교체 주기가 짧다보니 시민들의 참여 정도도 자연히 강화되었다. 스페인의 또 다른 대국인 카스티야 왕국에서는 무르시아, 라만차, 에스트레마두라 같은 지방에서 제비뽑기가 존재했다. 1492년 카스티야 왕국을 병합한 아라곤의 페르디난도 2세는 "경험을 통해서 보건대, 운명을 자루에 넣는 제도는 선거에 토대를 둔 체제에 비해서 도시 단위나 국가 단위에서 더 선량한 삶, 더 건전한 행정력과 체제를 보장한다. 이 체제는 훨씬 결속력이 강하고 훨씬 평등하고 훨씬 평화적이며, 감정이나 편견들로부터 초연하다"고 평가했다.7

이처럼 지나간 역사를 간략하게나마 조망해볼 때, 우리는 적어도 여섯 가지 교훈을 얻을 수 있다. ① 제비뽑기는 고대 시대부터 이미 여러 나라에서 정치적 도구로 십분 활용되어왔다. ② 그 나라들은 예외 없이 표면적이 넓지 않은 소규모 도시 지향적 국가들(도시국가, 도시 공화국)로 전체 주민 가운데 일부만이 권력을 쥘 수 있었던 곳들이다. ③ 제비뽑기 방식을 활용한 시기는 부와 권력, 문화가 정점에 도달해 있던 시기와 일치한다(기원전 4, 5세기의 아테네, 르네상스 시대의 베네치아와 피렌체). ④ 제비뽑기는 그 응용방식과 절차에서 매우 다양한 양상을 보였으나, 일반적으로 경쟁 집단 간의 갈등을 줄이고 시민들의 참여를 증진시킨다는 공통점을 지니고 있다. ⑤ 제비뽑기는 절대 배타적으로 사용되지 않았으며 항상 선거와 결합하는 양상을 보였다. 이를 통해서 입후보자들의 역량을 보장받을 수 있었다. ⑥ 제비뽑기를 통해서 인재를 등용한 국가들은 경쟁 집단들 사이의 치열한 내부적 갈등에도 불구하고 대체로 정치적 안정성을 유지할 수 있었다. 아주 작은 나라인 산마리노는 20세기 중반까지도 60명의 평의회 구성원 가운데 제비뽑기를 통해서 당첨된 2명의 통치자에게 정부를 맡겼다![8]

흔히들 계몽의 세기라고 일컫는 18세기에는 위대한 철학자들이 민주국가의 구성 문제에 지대한 관심을 보였다. 근대 법치국가의 창시자 몽테스키외는 1748년에 발표한 그의 저서 『법의 정신De l'esprit des lois』에서 자신의 논지를 펴기 위해 아리스토텔레스가 2,000년 전에 제시했던 분석을 다시금 차용했다. "추첨을 통한 투표는 본질적으로 민주적이다. 선택을 통한 투표는 본질적으로 귀족적이다." 몽테스키외에게도 선거가 지니는 엘리트주의적 특성은 처음부터 명백했다. 반대로 "추첨은 아무에게도 상처를 주지 않는 방식이다. 시민 각자에게 조국을 위해 봉사할 기회를 얻을 수 있으리라는 합리적인 희망을 주기 때문"이라고 그는 주장했다. 그런데 시민들에게 좋은 것이 반드시 그들의 조국에도 좋은 걸까? 제비뽑기를 통해서 무능한 자들이 권좌에 오르게 되는, 보지 않아도 뻔한 위험은 외부적 선발, 자가 선발, 또는 평가에 의해 수정 보완되어야 마땅할 것이다. 몽테스키외는 이 점에서 아테네 민주주의를 찬양했다. 아테네에서는 행정관들이 직무를 마치면서 보고서를 제출해야 했는데, 이는 "추첨과 선별을 동시에 포용하는 결과를 낳았다"는 것이었다.⁹ 이 두 가지 방식의 결합만이 과도함을 막을 수 있다. 순전히 제비뽑기에만 의존한다면 무능에서 헤어나오지 못할 것이고, 전적으로 선거에만 매달린다면 무력함에 빠져들 것이다.

디드로, 달랑베르 등이 18세기 중엽에 펴낸 『백과전서 Encyclopédie』에서도 이와 유사한 생각들을 만날 수 있다. 소수특권제 항목을 보면, 제비뽑기는 소수특권제에는 어울리지 않으며("추첨을 통한 투표 따위는 있어서는 안 된다. 그렇게 한다면 불리한 점만 나타날 것이다"), 그런 방식을 도입하기보다는 상원을 결성하는 것이 차라리 낫다고 적혀 있다. "소수특권제는 상원에서 제대로 이루어질 수 있으며, 민주제는 귀족계급noblesse 전체를 포용할 뿐, 일반 민중에게는 해당되지 않는다." 하지만 『백과전서』의 필자들은 소수특권제는 민중에 대해서도 책임이 있음을 분명하게 천명한다. '민주정치 Démocratie' 항목은 몽테스키외의 주장을 대부분 차용한다.

　몇 년 후, 장자크 루소가 이와 같은 성찰을 이어간다. 루소 역시 특히 직책 분배에서 중간 형태의 체제가 매력이 있다고 인정했다. "선별과 추첨이 혼합될 경우, 전자는 군사 업무처럼 고유한 재능과 역량을 필요로 하는 자리에, 후자는 재판관처럼 상식과 정의, 청렴결백 같은 미덕만 갖추면 충분한 자리를 배정하는 데 적합하다. 왜냐하면 정상적으로 형성된 국가에서라면 이와 같은 덕목은 모든 시민에게 공통적이기 때문"이라고 루소는 1762년에 발표한 『사회계약론』에서 밝혔다. 루소는 고대 아테네에서 공직자를 임명하기 위해 여러 세기 동안 꾸준히 활용해온 이중의 방식을 상세하게 묘사했다. 추첨과 선거의 적절한 조합은 상당한 정당성을 보장하는 동시에 효율성도 충족시킬 수 있다. 모든 사회에서 재능이란 확실히 불평등하게 분배되어 있는 것이 사실이나, 그렇다고 해서 그 때문에 제비뽑기를 아예 포기해야 하는 건 아니다. "추첨을 통하는 길이 민주주의의 본질에 훨씬 가깝다"고 루소는 평가했으며, 이는 그보다 앞선 선배들의 견해와 일치한다. "진정한 민주국가에서라면 모든 관직은 특권이 아니며, 어떤 한 개인보다 다른 한 개인에게 강요해서는 안 될, 비용부담이 매우 큰 책임이다. 오직 법만이 그와 같은 임무를 누가 떠맡아야 할지 결정할 수 있다."10

　결론은 명백하다. 필자들 간의 뚜렷한 견해 차이에도 불구하고,

18세기 정치 철학 분야가 낳은 두 위대한 저술가는 제비뽑기가 선거보다 훨씬 민주적이며, 이 두 가지 방식의 적절한 조합이 사회에 긍정적인 영향을 끼친다고 입을 모은다. 우연적이며 선별적인 두 절차는 서로를 보완한다.

18세기, 소수특권층을 위해 고안된 선거

그 무렵에 매우 기이한 일이 벌어졌는데, 베르나르 마냉은 이를 기막힐 정도로 훌륭하게 묘사했다.

그런데 『법의 정신』과 『사회계약론』이 출판되고 불과 한 세대 정도 지났을 무렵, 추첨에 의한 관직 임명은 자취를 감춰버렸다. 미국과 프랑스혁명 기간 동안 제비뽑기는 전혀 거론되지 않았다. 더구나 미국 건국의 아버지들은 아주 엄숙하게 모든 시민들은 공적 권리에서 평등하다고 선언했다. 투표권의 확대가 논란의 대상이 되었으나, 대서양 반대편 신생국 쪽에서도 구대륙 국가 쪽에서도 조금의 망설임도 없이 참정권을 가진 시민 집단에게만 소수특권적 방식으로 인정되는 선별 방식을 전격적으로 도입해야 한다고 결정했다.[11]

도대체 어떻게 이럴 수 있단 말인가? 어떻게 해서 당대에 가장 영향력 있는 철학자들의 논리를 이렇듯 헌신짝 버리듯 제쳐버릴 수 있단 말인가? 그것도 늘 이성과 철학을 들먹이던 시대에 말이다. 어떻게 해서 너도 나도 소수특권적이라고 인정하던 선별 절차가 이렇듯 압도적인 승리를 거두게 되었단 말인가? 오늘날의 표현대로 말하자면, 어떻게 해서 제비뽑기가 '레이더 화면에서 감쪽같이 사라져버릴' 수 있었단 말인가?

오래도록 역사학자들과 철학자들은 수수께끼의 벽에 부딪쳤다. 실행에 따른 어려움 탓이었을까? 물론 분명히 규모의 차이는 있다. 고대 아테네, 그러니까 총 면적이 다 해야 수 제곱킬로미터에 지나지 않는 도시에서 제비뽑기 방식을 사용하는 것과 프랑스나 대서양 건너편 북아메리카 대륙의 13개 주를 합해서 이루어진 미국처럼 광대한 영토를 가진 나라에서 이 같은 방식을 차용하는 것은 차원이 달라도 한참 다르다. 영토 안에서 돌아다니는 데 걸리는 시간만 놓고 봐도 완전히 다른 세상에 들어와 있음을 대번에 알 수 있다. 그러니 이 점은 의심할 여지없이 중요한 요소로 작용했다.

물론 18세기 말에 전국적인 차원의 호적대장이나 인구통계 등이 제비뽑기가 실제로 적용될 수 있을 만큼 충분히 발전되지 않았던 것도 사실이다. 우리는 당시 한 나라의 인구가 몇 명이었는지도 알지 못하며, 더구나 정확하지 않은 그 통계자료에서 표본을 추출해내는 방법은 당연히 알지 못했다.

또 그 당시 아테네 민주주의에 대한 상세하고 깊이 있는 지식도 거의 없었던 것이 사실이다. 최초의 기초 연구라고 할 만한 제임스 위클리프 헤드럼James Wycliffe Headlam(1863~1929. 영국의 역사학자이자

고전 연구가로 후에 영국 정부의 자문으로 일했다—옮긴이)의 『아테네에서 이루어진 추첨에 의한 선거Election by Lot at Athens』는 그로부터 1세기가 지난 후인 1891년에야 발표되었다. 그 이전까지 이 주제에 대해서 알려진 사실이라고는 목사인 토마스 가타커Thomas Gataker가 쓴 『추첨의 본질과 활용: 역사적, 신학적 고찰On the Nature and Use of Lots: A Treatise Historical and Theological』(1627)처럼 개별적인 몇몇 책들에 찔끔찔끔 등장하는 지극히 단편적인 지식이 전부였다.

그러나 실천에 따르는 장애물이 유일한 이유는 아니었다. 고대 아테네인들도 주민 관리에 필요한 완벽한 제도를 갖추었던 건 아니다. 더구나 피렌체 같은 경우, 선례 격인 아테네의 사정에 대해서는 그 어떤 사전 지식도 없는 상태였지만 그것이 제비뽑기 방식을 대대적으로 차용하는 데 걸림돌이 되지는 않았다. 미국과 프랑스혁명 지지자들의 글에서 놀라운 점은 이들이 제비뽑기를 실천에 옮길 수 없었다기보다 한마디로 그런 방식을 원하지 않았다는 사실이다. 그리고 이러한 거부감은 단순히 실행에 어려움이 따른다는 식의 이유에서 비롯된 것으로 보이지 않는다. 이들은 단 한순간도 제비뽑기를 도입하려고 애쓰지 않은 것으로 보인다. 이들 혁명 옹호자들 가운데 어느 누구도 제비뽑기를 실행에 옮길 수 없음을 애석하게 여기지 않았다. 어쩌면 실제로 제비뽑기가 손이 미치지 않는 곳에 있었을 수도 있다. 하지만 무엇보다도 이들은 제비뽑기라는 것을 바람직하게 여기지 않았다. 이와 같은 태도는 그들이 민주주의에 대해 갖고 있던 개념에서 비롯된다고 볼 수 있다.

몽테스키외는 통치체제를 군주제, 전제군주제, 공화제, 이렇게 세 가지 유형으로 구분했다. 군주제에서는 정해진 규정에 따라 '주권la souveraine puissance'이 단 한 사람의 손에 집중된다. 전제군주제의 경우는 한 사람에게 권력이 집중되는 현상은 동일하나 정해진 규정이라고는 없으며, 모든 것이 임의적으로 이루어진다. 공화제에서는 권력이 민중에게 속한다. 몽테스키외는 이 세 번째 유형에 속하는 국가들을 대상으로 대단히 중요한 구분을 제시한다. "공화제에서 집단으로서의 민중 전체가 주권을 가지면 민주주의가 된다. 주권이 일부 민중의 손에 집중될 경우라면, 이를 소수특권제라고 불러야 마땅하다."12

1776년 영국 왕권으로부터, 1789년 프랑스 왕권으로부터 각각 해방된 미국과 프랑스의 상층 부르주아는 공화 정부를 갈망했으며, 이는 지극히 당연한 일이었다. 그런데 이들은 공화제라는 통치 유형 가운데 민주주의 체제를 원했던 것일까? 이들이 늘어놓은 미사여구들을 믿는다면 그렇다고 봐야 한다. 민중에 대한 언급이 빠지지 않으니 말이다. 혁명주의자들은 끊임없이 민중이 주인이다, 국민la Nation은 반드시 대문자로 표기해야 한다, 모든 것은 '우리 민중We the People'으로부터 시작된다고 주장했지만, 이들은 궁극적으로 민중에 대해 상당히 엘리트주의적인 개념을 갖고 있었다. 북아메리카 대륙에서 탄생한 새로운 독립국가들은 '민주공화국'이 아닌 공화국이라는 이름을 받았다. 독립운동의 지도자였으며 미국의 2대 대통령이 된 존 애덤스John Adams는 "민주주의는 결코 오래 지속하지 못한다. 민주주의는 오래지 않아 쇠퇴할 것이다. 민주주의는 스스로 기진해서 죽음을 초래한다. 이제껏 자살에 이르지 않은 민주국가는 한 번도 본 적이 없다"[13]는 경고성 발언까지 했다. 이 사실로 미루어 그가 민주주의 체제에 대해 극단적인 거부감을 품었음을 짐작할 수 있다. 그런 가 하면 미국 헌법의 아버지 제임스 매디슨James Madison은 민주주의를 가리켜 "동요와 논쟁으로 가득 찬 구경거리"로서, "일반적으로 명이 짧은 것만큼이나 과격한 죽음을 맞기로 예정되어 있다"[14]는 말도 서슴지 않았다.

한편 혁명이 진행 중이던 프랑스에서는 '민주주의'라는 용어가 그다지 널리 확산되지 않았고, 용어 자체도 부정적인 뉘앙스를 풍겼다. 민주주의라는 말은 가난한 자들이 권력을 잡게 되면 반드시 나타나게 마련인 사회 동요를 연상시켰다. 혁명의 선봉에 섰으며 1차 국민의회 구성원으로 참가한 앙투안 바르나브Antoine Barnave 같은 혁명주의자조차 민주주의를 "가장 증오할 만하고, 가장 전복적이며, 민중 자신에게도 가장 해가 되는 정치체제"[15]라고 맹비난했다. 1789년부터 1791년 사이에 프랑스의 제헌의회에서 벌어진 투표권 관련 논쟁에서 '민주주의'라는 용어는 딱 한 번 등장한다.[16]

캐나다 출신 정치학자 프랑시스 뒤퓌이데리Francis Dupuis-Déri는 '민주주의'라는 용어의 사용에 대해 연구한 결과, 미국과 프랑스혁명의 아버지들은 눈에 띄게 이 말을 회피했던 것으로 보인다고 해석했다. 혁명주의자들의 대다수는 민주주의가 혼란, 극단주의와 동의어라고 생각했다. 따라서 가능한 한 이 말과 거리를 두고자 했다. 이는 단순히 어휘의 문제가 아니다. 이들이 민주주의 현실 자체를 끔찍한 것으로 받아들였음을 말해준다. 혁명주의자들 가운데 상당수가 법률가, 토지 소유자, 기업가, 선박 제조업자였으며, 아메리카 대륙의 경우 플랜테이션 농장 경영주들로서 노예를 소유한 자들이었다. 이들은 이미 영국이나 프랑스 왕정 치하에서 소수특권제가 절정에 이르렀던 시기에 행정직이나 정치 관련 직무를 자주 맡아보았던 사람들로, 그들이 와해시키려고 하는 체제와 사교적 혹은 친인척 관계로 끈끈하게 맺어져 있었다.[17] "그러므로 이들 엘리트들은 왕 또는 특권 계급의 정당성을 전복시키고 싶어 했다. 이와 동시에 이들은 민중에게는 스스로를 통치할 수 있는 정치적 역량이 없음을 강조했다. 하지만 이들 엘리트들은 민중이 권력의 주인이며 그들은 엘리트라는 자격으로 민중의 이익을 위해 봉사한다고 주장했다."[18]

이러한 맥락에서 '공화제'라는 용어가 '민주주의'보다는 훨씬 고상해 보였고, 선거가 제비뽑기보다 훨씬 진지하고 중요해 보였다. 프랑스와 미국의 혁명 지도자들은 제비뽑기에 대해서는 전혀 흥미를 느끼지 않았는데, 이는 그들이 민주주의에 대해 관심이 없었기 때문이었다. 조상으로부터 관록 있는 근사한 마차를 물려받은 자는 철없는 어린 손자들에게 그걸 몰아보라고 선뜻 내주려하지 않는 법이다.

몽테스키외의 유형론으로 돌아오자면, 프랑스와 미국의 혁명을 이끈 애국적 지도자들은 의심할 여지없이 공화주의자였던 것은 분명하나, 민주주의를 신봉하는 사람들은 전혀 아니었다. 민중에게 권력이라는 근사한 마차를 끌라고 내버려둘 수 없었던 이들은 자신들이

고삐를 단단히 쥐는 쪽을 선호했다. 그래야 사고를 방지할 수 있다고 믿었기 때문이다. 미국의 예를 놓고 보자면, 엘리트들은 권력을 단념할 경우 잃을 것이 너무 많았다. 엘리트들은 엄청난 경제적 특권을 누렸기 때문이다. 이 점은 프랑스에서도 크게 다르지 않았으나, 프랑스에서는 또 다른 요소를 고려해야 했다. 미국과 달리 프랑스는 과거의 체제가 남아 있는 곳에 새로운 사회를 건설해야 하는 상황이었다. 그런 까닭에 새로 등장한 엘리트들은 거대한 영토를 소유한 과거의 귀족들과 타협해야 할 필요에 직면했다. 바꿔 말하자면, 혁명주의자들이 고삐를 쥔 마차에는 여전히 적지 않은 늙은 귀족들이 타고 있던 것이다. 아무리 새로운 방향으로 나아가고자 한들, 어느 정도는 이들 나이든 고집쟁이 탑승자들이 제안하는 여정을 따라가야 하는 형편이었다. 그렇게 하지 않으면 이들 탑승자들이 제멋대로 마차 바퀴를 세울 위험이 있었다.

어쨌거나 이 두 나라에서는 한 가지 뚜렷한 경향이 공통적으로 나타났다. 혁명 지도자들이 염두에 두고 있으며 장차 정교하게 가다듬고자 하는 공화제는 민주주의적이라기보다는 소수특권적 체제에 가까운 것이었다. 그리고 이를 위해서는 선거가 매우 유용했다.

오늘날의 눈으로 볼 때 그 같은 결론은 한마디로 우상 파괴적이라 할 만하다. 근대 민주주의는 1776년과 1789년 혁명의 산물이라는 말을 우리는 얼마나 귀에 못이 박히도록 들었던가? 그러나 역사적 문헌들을 꼼꼼하게 분석해보면 실제 역사는 이와 상당히 다르다는 결론에 이른다.[19]

1776년, 그러니까 미국의 독립 직후에 존 애덤스는 그의 유명한 저서 『통치론Thoughts on Government』에서 미국은 직접 통치하기에는 영토가 너무 광대하며 인구가 너무 많다고 지적했다. 이는 물론 정확하게 맞는 말이다. 그러니 아테네나 피렌체의 모델을 그대로 미국으로 옮겨온다면 결코 원만하게 기능할 수 없을 것이다. 그다음으로 이어지는 그의 논리는 상당히 놀랍다. 그는 가장 큰 다수가 가진 권력을 가장 뛰어나고 가장 현명한 몇몇 사람들에게 위임하는 것이 이제부터 거쳐야 할 중요하고 본질적인 단계라고 설명한다. 민중이 전체의 이름으로 의사를 표현할 수 없다면, 최고 인물들로 이루어진 소수 집단이 전체 민중을 대신해서 그 일을 해야 한다고도 주장했다. 다소 순진하고 유토피아적인 방식으로 애덤스는 덕망 있는 사람들로 구성된 집합체가 사회의 나머지 구성원들처럼 '사고하고 느끼며 추론하고 행동하기'를 소망했다. "[이 대표들은] 주민 전체의 정확한 축소판이 되어야 할 것이다." 그런데 우리는 뉴욕의 은행가와 보스턴의 법률가가 한자리에 모이면 매사추세츠 주의 시골 빵집 여자나 뉴저지 주 부두 노동자가 필요로 하는 것, 그들을 가슴 아프게 하는 고통들에 대해 자기 자신들의 고통인 것처럼 진정으로 공감할 수 있을지 의문을 품을 수밖에 없다.

그로부터 10년 후, 미국 헌법의 아버지로 추앙받는 제임스 매디슨은 이와 맥락을 같이하는 성찰을 이어나간다. 1777년에 나온 「연합규약Articles of Confederation」이 아메리카 연방이 구상한 정식 헌법으로 대체되려던 시기에, 헌법의 초안을 작성한 매디슨은 당시 연방을 구성하던 13개 식민지에서 이 안이 비준을 받을 수 있도록 온갖 수단을 동원했다. 그는 헌법안에 비준하도록 뉴욕 주를 설득하기 위해 동료 2명과 함께 집필하여 뉴욕을 기반으로 하는 언론을 통해 발표한 85개의 논문을 한데 모은 『연방주의자 논집Federalist Papers』에서 다음과 같이 적었다. "모든 정치적 헌법의 목적은 무엇보다도 먼저 사회의 공동선을 분별하기 위해 가장 뛰어난 지혜와 그 공동선을 실현하기 위해 필요한 가장 높은 덕망을 갖춘 인재들을 지도자로 확보하는 것이다. 아니 그래야만 할 것이다. …… 선별적 방식을 통해 이러한 지도자를 임명하는 것이 공화정 체제를 특징짓는 원칙이다"(1788년 2월 작성).[20]

"사회의 공동선을 분별하고 이를 추구하는 데 필요한 가장 뛰어난 지혜와 덕목을 갖춘 인재"에 대한 선호를 확실하게 각인시키기 위해 제임스 매디슨은 존 애덤스의 견해에 전적으로 동의를 표한다. 하지만 이렇게 하는 과정에서 그는 정치적 기회의 평등한 분배를 추구한 고대 아테네의 이상향과는 점점 멀어졌다. 고대 그리스인들은 통치자와 피통치자 사이에는 어떠한 구분도 없는 것이 바람직하다고 생각한 반면, 제임스 매디슨은 반대로 명확하게 구분되는 쪽이 훨씬 낫다고 보았다. 아리스토텔레스가 번갈아가며 통치자와 피통치자가 되는 것이 자유의 한 표상이라고 보았다면, 미국 헌법의 집필자는 이와 반대로 '가장 우수한 자들'이 통치의 고삐를 단단히 움켜쥐는 편이 더 좋다고 생각했다.[21]

가장 우수한 자들이 지배하는 체제, 이것이 바로 그리스어

'aristokratia', 즉 소수특권제의 정확한 정의가 아닌가? 어쨌거나 미국 독립의 아버지 토마스 제퍼슨은 "재능과 덕망에 근거한 자연적인 소수특권적 정치"가 분명 존재하며, 가장 나은 정치체제는 "이러한 자연적인 소수특권자들을 가장 효율적인 방식으로 정부 안에 편입시키는 것"[22]이라고 보았다.

그런데 이러한 원칙을 추구해도 이른바 '과두정치'로 치닫지는 않는데, 그 이유는 여기서 말하는 가장 뛰어난 인재들이 선거라는 과정을 통해 정권을 잡게 될 것이기 때문이라고 제임스 매디슨은 설명한다. 그러한 인재들을 불러들이는 것은 효율적일 뿐 아니라 선거라는 절차를 통해 이루어지므로 정당하기까지 하다고 그는 주장한다. 그가 전개하는 논리는 다음과 같다.

누가 연방 대표를 선출하는 선거인들이 될 것인가? 부유한 자도 가난한 자도 아니다. 학식이 많은 사람도 무지한 사람도 아니다. 명문세도가의 오만한 상속자들도 근본을 알 수 없거나 가진 거라곤 아무것도 없는 미천한 집안의 보잘것없는 아들들도 아니다. 선거인들은 연방 주민 대합체the great body of the people of the United States가 될 것이다.

여자와 인디언, 흑인, 가난한 자와 노예들은 물론 이 연방 주민 대합체에 포함되지 않지만, 매디슨은 굳이 그런 내용을 콕 집어 언급하지는 않는다. 매디슨 자신은 버지니아에서 노예들을 거느린 대규모 플랜테이션을 소유했으며, 당시에는 어느 누구도 이 사실을 문제

삼지 않았다. 사실 오직 제한적인 수의 엘리트만이 정권을 장악하는 현실은 이미 고대 그리스에서도 존재했다. 여기서 중요한 사실, 진정으로 새롭다고 할 만한 한 가지 사실은 매디슨이 제안하는 대의 선거 체제는 제비뽑기와 달리 통치자와 피통치자 사이에 질적인 차이가 존재함을 전제로 한다는 점이다. 매디슨 자신이 그 점을 분명하게 명문화했다.

누가 민의의 선택을 받는 대상이 될 것인가? 본인의 공로로 국민의 존경과 신뢰를 얻은 모든 시민 …… 그들은 동료 시민들이 보여준 호감으로 남들과 구분되므로 우리는 보편적으로 그들이 자신들이 가진 자질에 따라 두각을 나타내리라고 짐작할 수 있다.

그러니 존경심과 신뢰감을 주는 뛰어난 자질을 갖추어야 할 뿐 아니라 두각을 나타내고 남과 차별화되어야 하며 남보다 더 나아야 하는 데다, 뛰어난 우수성으로 나머지 사람들을 지배해야 한다. 대의 제도 자체는 투표권을 광범위하게 부여한다는 점에서 민주적이라 할 수 있겠으나, 사실 애초부터 선거에 참여할 인재들을 모집한다는 점에서 소수특권적인 면도 내포하고 있었다. 모두가 참여할 수는 있으나 후보자를 미리 선별하는 과정에서 이미 엘리트 지향적이 되고 마는 것이다.

그러므로 실천면에서 일의 발단이 있었다고 하면 바로 이 대목, 즉 제임스 매디슨이 1788년 2월 19일자 《더 뉴욕 패킷The New York

Packet》에 게재한 『연방주의자 논집』 57번째 논문에서였다고 할 수 있다. 아니, 그 때문에 아테네 민주주의의 이상향—정치적 기회의 평등—이라고 할 만한 무엇인가가 막을 내렸다. 또는 그것이 결정적으로 매장되었다고 말할 수 있다. 그러니 그 후로는 역량을 구비한 통치자와 무능한 피통치자 사이에 엄격한 구분이 생기게 되었다. 이는 민주주의보다는 오히려 관료주의의 시초와 유사해 보인다.

프랑스 쪽에서 나온 문헌들도 역시 혁명의 '소수특권화 aristocratisation'를 보여준다. 민중의 항거로 사회가 전복되기 시작된 것은 사실이나 이 민중의 항거는 시간이 지나면서 점차 '질서를 재정비' 하기 위해, 달리 말하면 자신들의 이익을 보전하기 위해 나라를 통치하고자 새로이 전면에 등장한 부르주아 엘리트들에 의해 완화되어 갔다. 미국의 경우, 이러한 변화는 1776년의 독립선언과 1789년 헌법 제정(매디슨을 필두로 하는 초안 작성자들의 맹활약) 사이에 일어났으며, 프랑스의 경우는 1789년 봉기와 1791년 헌법 제정 사이에 감지되었다. 민초들이 참가한 봉기(거의 신화 수준으로 과장된 바스티유 감옥 탈취를 포함하여)는 몇 년 후 이들의 영향력이 투표권 행사로 대폭 축소되어버리고, 이 투표권의 행사마저 프랑스 사람 6명 가운데 1명 수준으로 제한하는 헌법이 발표되면서 수명을 다했다.

대혁명이 발발한 1789년에 나온 가장 중요한 문헌인 「인간과 시민의 권리 선언」은 다음과 같이 주장한다. "법은 보편적 의지의 표현이다. 모든 시민은 개인적으로건 그들의 대표를 통해서건 거기에 일조할 수 있다." 하지만 1791년에 발표된 헌법에서는 '개인적으로건'

이라는 대목이 흔적도 남기지 않고 사라져버렸다. "국민은 모든 권력의 원천으로서 위임에 의해서만 권력을 행사할 수 있다. 프랑스 헌법은 대의적이다." 불과 2년 만에 입법 발의가 민중에게서 민중의 대표에게로, 국민 참여 체제에서 대의 체제로 옮겨간 것이다.

우리는 프레쥐스 교구의 사제이자 「제3계급이란 무엇인가Qu' est-ce que le tiers état?」라는 선동적인 팸플릿으로 혁명의 불을 지른 시예스 Sieyès 신부의 태도에 새삼 놀라움을 금할 수 없다. 시예스는 기존의 두 계급인 귀족과 성직자 계급이 제3계급인 부르주아들에 비해 지나치게 많은 권력을 가졌다고 보았다. 따라서 그는 제3계급의 정치 개입이 확대되어야 하며, 귀족과 성직자 계급이 누리는 특권은 한마디로 폐지되어야 한다고 주장했다. 그가 쓴 글은 도처에서 읽혔다 (1789년 1월까지 「제3계급이란 무엇인가?」는 3만 부 이상 팔렸다). 그는 절망에 빠진 민중의 목소리를 대변했으며, 혁명의 주요 이론가 가운데 한 명으로 인정받았다. 그런 그가 "프랑스는 민주주의 국가가 아니며 그렇게 되어서도 안 된다. …… 다시 한 번 반복하거니와, 민주주의 국가(프랑스는 민주주의 국가가 될 수 없다)가 아닌 곳에 사는 민중은 대표를 통해서만 발언하고 행동할 수 있다"고 말했다.[23]

이때부터 일종의 '정치적 광장공포증', 다시 말해서 거리를 활보하는 평범한 사람들에 대한 두려움이 확산되었다. 심지어 혁명주의자들마저도 이런 두려움에 휩싸였다.[24] 의회를 구성하는 의원들이 선출되면 민중은 입을 다물어야 한다. 이때부터 제비뽑기 방식은 매우 특수한 공적 업무 분야에만 엄격하게 제한되어 활용되었다. 추첨

방식은 일부 형사 사건에서 시민 배심원을 선발하는 과정에서만 살아남게 된 것이다.

이 같은 혁명의 '소수특권화' 현상에 대해 에드먼드 버크는 대단히 흡족해했을 것이 분명하다. 이 영국 출신 철학자이자 정치가는 다른 무엇보다도 민중이 지나치게 많은 권력을 장악하게 되는 것을 두려워했다. 그는 『프랑스 혁명에 대한 고찰Reflections on the Revolution in France』(1790)에서 통치자들은 혈통이나 이름 또는 작위가 아니라─버크 또한 시대가 바뀌었음을 고려했다─덕망과 지혜로 나머지 사람들과 구별되어야 한다고 말했다. 그는 다음과 같은 말도 덧붙였다.

> 가발 제조업자나 양초 제조업자 같은 직업은 아무에게도 영예로울 것이 없으며, 그보다 미천한 다른 직업들에 대해서는 더 말할 나위가 없다. 이런 부류의 사람들이라고 해도 국가의 억압을 받아서는 안 된다. 하지만 만일 민중에게 통치권이 주어진다면, 그것이 개인적이건 집단적이건, 국가는 두말할 필요 없이 억압을 받게 된다. …… 모든 직책은 열려 있어야 하나, 누구에게나 동일하게 열려 있어서는 안 된다. 제비뽑기 또는 교대 책임제와 유사한 효과를 낼 수 있는 어떠한 형태의 순환 교대, 어떠한 추첨, 어떠한 형태의 모집도 진지한 일을 담당해야 하는 통치에는 적합하지 않다.

아테네식 이상향은 이로써 완전히 끝났다! 이는 내가 아는 18세기 말엽 필자들의 글 가운데에서 제비뽑기에 관한 한 가장 노골적인 사형선고에 해당한다. 에드먼드 버크는 민주주의와 장자크 루소에 이의를 제기했으며, 혁명과 제비뽑기에도 반대했다. 그는 엘리트의 역량을 추켜세우는 편을 훨씬 선호했다. "나는 비천한 출신에서 고귀한 신분, 권력으로 올라가는 상승의 길이 너무 쉬워서는 안 된다고 주저 없이 말할 수 있다. …… 명예의 전당은 뛰어난 능력의 토대 위에 세워져야 한다."[25]

버크의 주장은 반향을 얻었다. 1795년, 여러 해 동안의 공포정치가 막을 내린 후, 새로운 프랑스 헌법 제정과 관련하여 토론이 벌어지자, 헌법안 준비 임무를 부여받은 제헌의회 의장 부아시 당글라 Boissy d'Anglas는 "우리는 가장 뛰어난 자들의 통치를 받아야 한다. 가장 뛰어난 자들은 가장 박식하며 법질서 유지에 가장 큰 관심을 가진 자들이다. 그러나 지극히 드문 몇몇 예외를 빼고는, 그 같은 인물들은 재산을 소유하고 있으며 그 재산이 속한 나라, 그 재산을 보호하는 법, 그 재산을 유지하는 데 필요한 안정성 등에 애착을 보이는 사람들 가운데에서만 찾아낼 수 있다. …… 재산을 소유한 유산자들이 통치하는 나라는 사회적 질서에 위배되지 않으며, 무산자들이 통치하는 나라는 야만 상태에 머물러 있다."[26]

미국혁명도 다르지 않지만, 프랑스혁명은 소수특권 정치를 몰아내고 이를 민주정치로 대체한 것이 아니다. 두 나라의 혁명은 상속에 의한héréditaire 소수특권 정치를 자유의지에 따라 선택한choisie 소수특권 정치, 즉 루소의 표현대로 말하자면 선거에 의한 소수특권 정치 aristocratie élective로 바꾸어 놓았을 뿐이다.[27] 군주와 귀족은 멀리 쫓아내고 국민, 민중, 주권 같은 말로 서민계급을 진정시키면서 새로운 상층 부르주아 계급이 권력을 장악한 것이다. 이들은 신이나 영지 또는 출생으로부터 정당성을 부여받은 것이 아니라 소수특권 정치의 또 다른 잔재인 선거를 통해 권좌에 올랐다. 투표권의 수혜자 부류를 둘러싼 끝없는 논쟁, 그 투표권에 대한 지극히 제한적인 분배(투표권을 얻기 위해서는 상당한 액수의 세금을 납부해야 했다)가 이루어진 것은 다 이런 연유에서다. 1791년의 헌법에 따르면, 프랑스인 6명 가운데 1명만이 최초의 국회의원 선거에서 투표할 권리를 얻었다. 열렬한 혁명주의자였던 마라는 이러한 민중 항거의 '소수특권화'를 규탄했으며, 투표권을 얻지 못한 1,800만 프랑스인들의 편에 섰다. "혈통에 의한 귀족을 몰아내고 이를 부자들에 의한 소수특권 정치로 대체한다면 우리가 얻은 것은 도대체 무엇이란 말인가?"

19, 20세기, 선거가 민주주의와 동의어가 되다

이쯤에서 잠깐 이제까지 살펴온 내용들을 정리해보자. 나는 오늘날 선거는 민주주의 수단으로서의 효력을 상실했다는 입장에서 앞 장을 마무리 지었으며, 이번 장에서 우리는 선거가 애초부터 단 한 번도 민주적 수단이었던 적이 없다는 사실을 알게 되었다. 그러니 병폐는 처음에 예상했던 것보다 훨씬 깊은 셈이다! 뿐만 아니라 가장 널리 통용되는 민주주의적 도구인 제비뽑기는 대의정치 체제를 설계

한 자들에 의해 완전히 자취를 감추고 말았으며, 형사 재판에서 시민 배심원의 형태로만 명맥을 이어갈 뿐이다. 선거 근본주의자들인 우리는 벌써 몇십 년 전부터 투표만이 거룩한 민주주의의 성배인 양 매달리는데, 지금 보니 우리는 애착 대상을 잘못 선택한 것이 아닌가. 투표가 성배인 줄 알았는데 독배라니, 선거가 반민주주의적 도구로서 의도적으로 도입된 절차라니.

무슨 까닭에 우리는 이토록 오랜 기간 잘못된 판단 속에서 헤어 나오지 못한 것일까? 우리는 이제 한 단계 더 나아가야 한다. 우리가 선거 근본주의로 내몰리게 된 이유를 탐구하기 위해 세 번째 단계로 넘어가야 한다. 첫 번째 단계에서 나는 고대와 르네상스 시대에 통용되던 임의적 대의 민주주의의 면면을 드러내 보였다. 두 번째 단계에서는 18세기 말에 어떻게 해서 새로운 엘리트가 이 전통을 세쳐두고 그 대신 선별적 대의 체제를 받아들이게 되었는지를 보여주었다. 지금부터는 이렇듯 소수특권적인 것으로의 선회가 어떻게 해서 그 후, 그러니까 19세기와 20세기(도처에서 이 체제를 향한 비판의 화살이 쏟아지기 시작한 아주 최근까지)에 민주주의적 정당성을 획득하게 되었는지를 살펴봐야 할 것이다. 달리 말하면, 우리는 혁명의 소수특권화 현상에 뒤이어 선거의 민주화 현상에 대해 검토해봐야 한다는 말이다.

먼저 용어의 변화에 주목해보자. 투표권에 토대를 둔 공화제는 그 투표권이 아무리 제한적이더라도, 점점 더 자주 '민주정치'라는 이름으로 불리게 되었다. 그런 탓에 1801년에 벌써 "루소가 50년 전에 언급한 선거에 의한 소수특권적 정치가 우리가 오늘날 대의 민주주의라고 부르는 것"이라고 지적하는 사람이 등장했다.[28] 이 같은 동의어 관계는 오늘날에는 모두에게서 완전히 잊혀버렸다. 아무도, 아니 거의 아무도 우리의 현행 체제가 소수특권적 정치체제에 그 뿌리를 두었음을 알지 못한다.

19세기 초, 위대한 알렉시 드 토크빌Alexis de Tocqueville은 미국으로 건너가 그곳에서 9개월간 체류하면서 그곳의 새로운 정치체제를 연구했으며, 이 경험을 바탕으로 쓴 저서에 주저하지 않고 『미국의 민주주의De la démocratie en Amérique』라는 제목을 붙인다. 그는 그 이유를 첫 페이지에서 당당하게 밝힌다. "내가 미국에 체류하는 동안 나의 주의를 끈 모든 새로운 것들 가운데 조건의 평등만큼 나의 시선을 격렬하게 잡아끈 것은 없다." 토크빌에 따르면, 다른 어느 곳에서도 국민주권이라는 개념이 이토록 귀하게 평가되는 나라는 일찍이 없었다. 토크빌의 이 책이 19세기 내내 막강한 영향력을 행사했다는 점에서 미루어볼 때, 선거에 의한 대의 공화제를 '민주주의'라고 명명하게 된 데에 그가 크게 공헌했다고 볼 수 있다.

그렇다고 해서 토크빌 자신이 선거체제를 아무런 유보 없이 인정했다고는 말할 수 없다. 토크빌은 예외적으로 뛰어난 예리함을 겸비한 관찰자였다. 가장 뛰어난 조상 가운데 몇몇을 단두대의 이슬로 떠나보내야 했던 유서 깊은 귀족 가문에서 태어난 그는 누가 보아도 새로운 정치체제에 대해 뿌리 깊은 불신을 보낼 이유가 충분한 사람이었다. 하지만 그는 미국에서 벌어지는 모든 것에 대해 열렬한 관심과 실제적으로 열린 태도를 보였다. 다른 많은 귀족들과 달리 그는 미국과 프랑스의 혁명이 단순히 우발적인 사고가 아니며, 수세기에 걸쳐 진행되어온 평등을 향한 보다 광범위한 진화 속에 뿌리내리고 있음을 이해했다. 평등을 향한 이러한 갈망을 멈출 수 있는 것은 이 세상에 없었다. 그렇기 때문에 그는 의식적으로 이전의 세상을 멀리했다. 그는 귀족의 작위를 사용하기를 거부했으며, 신앙을 저버렸고 평민과 결혼했다. 1830년대 말 스스로 정치에 뛰어든 그는 프랑스 정치체제가 너무도 비민주적이며 시민들에게 참여의 기회를 제공하는 데 너무도 인색하다는 사실에 절망했다.

미국 여행 덕분에 토크빌은 열렬한 민주주의자가 되었지만 그래도 이 새로운 정치체제가 보여주는 구체적인 실천 형태에 대해서는 비판적 태도를 견지했다. 미국에서 그리고 프랑스에서도 선거는 제비뽑기를 눌렀으며 제비뽑기는 몇몇 형사 사건에서 시민 배심원을 구성하는 데 필요한 절차 정도로 축소되어버렸다.

이 두 가지 선발 방식에 대해 그는 어떤 입장을 보였을까? 다소 긴 감이 있지만, 이 문제에 대해서는 그의 명문을 통째로 인용해볼 만하다. 선거제도를 다룬 아래에 제시하는 문장들이 1830년대에 쓰였다는 사실은 도저히 믿기 어려울 정도다.

선거가 다가오면 집권 세력의 우두머리[대통령]는 앞으로 준비해야 할 투쟁에 대해서만 생각한다. 그에게 더 이상 미래란 없으며, 그는 새로운 것이라고는 아무것도 시도할 수 없고, 아마도 그의 후임자가 물려받아 마무리하게 될 일들을 시큰둥하게 계속하기만 할 뿐이다. ……
한편 국민의 시선은 오직 한 가지에만 쏠린다. 곧 겪게 될 산고産苦를
감시하는 데에만 온통 집중할 뿐이다. …… 우리는 미국 대통령 선거
를 국가 위기의 순간으로 간주할 수 있다. ……

그 순간에 도달하기 훨씬 전부터 선거는 모든 사람들의 마음을 사
로잡는 가장 큰 사건, 이렇게 말해도 된다면 유일한 사건이 되어버린
다. 각 분파의 열기는 배가되고, 행복에 겹고 평화로운 나라에서 상상
력이 낳을 수 있는 모든 종류의 인위적 열정들이 이 순간 세상 밖으로
요동치며 솟아오른다.

한편 대통령은 스스로를 방어해야 할 필요성에 온통 정신을 빼앗
긴다. 그는 더 이상 국가의 이익을 위해 통치하는 것이 아니라 자신의
재선을 위해 전력투구한다. 그는 다수 앞에 고개를 조아리며 대통령의
의무에 따라 사사로운 감정에 저항해야 마땅하겠으나, 자신의 마음이
가는 대로 행동하는 경우가 비일비재하다.

선거가 다가옴에 따라 각종 음모가 판을 치고, 사회적 동요가 심해
지면서 광범위하게 확산된다. 시민들은 여러 당파로 분열되어 각자 자
기가 지지하는 후보자의 이름으로 행동한다. 나라 전체가 열에 들뜬 상
태가 되어버린다. 선거는 이제 공문서의 일일 보고서, 개별적인 모든
대화의 주제, 모든 절차를 밟아감에 있어서 반드시 필요한 과정, 모든
사고력의 대상, 현재의 유일한 관심사가 되어버린다.

행운의 주인공이 결정되는 즉시, 이건 정말인데, 이러한 열기는 순
식간에 사라져버리고 모든 것은 진정된다. 한순간에 범람한 강물이 평

화로운 가운데 원래의 물길을 찾아 흐른다. 그러니 방금 전 갑작스럽게 소나기가 쏟아졌다는 사실에 놀라지 않을 수 있겠는가?[29]

이 글은 아마도 선거를 통한 대의 민주주의와 그에 따르는 선거 전의 열기, 통치 마비 현상, 과도한 언론 플레이, 요컨대 선거로 인한 히스테리 등에 대해 가해진 최초의 비판들 가운데 하나다. 토크빌은 제비뽑기로 구성된 시민 배심원단, 곧 '무작위로 뽑혀 일시적으로 판결권을 갖게 된 일정수의 시민들'에 대해서는 이보다 훨씬 긍정적인 평가를 제시한다. 그의 글에서 따온 제법 긴 인용문을 다시 소개한다.

배심원, 특히 시민 배심원은 모든 시민들의 정신 속에 판사의 정신이 지니고 있는 습관의 일부를 심어주는 역할을 한다. 이러한 습관은 정확하게 말해서 민중들이 더욱 자유롭게 사는 준비를 하는 데 도움이 되는 습관들이다. ……

(여기에서 토크빌은 아리스토텔레스와 마찬가지로 간헐적으로 짊어지는 책임감을 자유와 연계시키며, 자유를 학습될 수 있는 것으로 묘사했음에 주목하자.)

인간들이 자신들의 고유한 일이 아닌 다른 것에 신경 쓰도록 함으로써 (배심원 제도는) 개인적 이기주의와 씨름한다. 개인적 이기주의란 사회의 녹에 비견할 수 있다. 배심원은 판단을 내리는 데 믿을 수 없을 정도로 도움을 주며, 민중이 지니고 있는 자연스러운 빛을 확대시킨다.

이 점이 내가 보기에 가장 큰 장점이다. 우리는 배심원 제도를 항상 개방되어 있으며, 배심원 각자가 자신의 권리를 학습할 수 있고, 자기보다 학식과 지혜가 뛰어난 상층 계급 사람들과 매일 교류하고, 실용적인 방식으로 법을 가르쳐주며, 변호사들의 노력과 판사들의 소견, 재판 당사자들 간의 열성 등을 통해서 자신의 지적 수준에 맞게 법을 접할 수 있는 일종의 무료 학교로 간주해야 할 것이다. 나는 미국인들이 지닌 실용적 지능과 정치적 상식은 그들이 민사 분야에서 오랜 기간 운용해온 배심원 제도 덕분이라고 생각한다. 솔직히 나는 배심원이 재판을 받는 사람들에게 유용한지는 잘 모르겠으나, 판결을 내리는 임무를 부여받은 사람들에게는 매우 유용하다고 확신한다. 나는 배심원 제도를 우리 사회가 민중의 교육을 위해 활용할 수 있는 가장 효율적인 수단 가운데 하나라고 본다.[30]

아직 초기 단계에 머물러 있던 미국의 정치가 민주주의의 모든 가능성을 내포했다고는 하지만, 토크빌은 대규모 당원들을 거느린 정당들이나 전국을 커버하는 미디어들이 등장하기 전이었음에도 불구하고 선거캠페인이라는 필요악 앞에서는 탄식을 금치 못했다.

두 권으로 구성된 그의 저서 『미국의 민주주의』가 출판될 무렵, 선거 대의 민주주의 체제의 진일보를 가져온 사건으로 기억될 만한 또 다른 사건이 있었다. 바로 1830년의 벨기에 독립이다. 그때까지 줄곧 열강의 지배하에 놓여 있던—프랑스혁명 이전까지 거슬러 올라갈 필요도 없이, 벨기에는 오스트리아의 영토였다가 프랑스 영토로, 프랑스 영토에서 다시 네덜란드 영토로 편입되었다—작은 나라의 독립이 뭐 그리 대단한 영향을 끼쳤겠느냐고 의아해할 수도 있다. 하지만 그건 엄연한 사실이다. 벨기에인들이 작성한 헌법은 역사상 선거 대의 민주주의의 전형으로 기억되기 때문이다.[31]

벨기에는 기존의 정권에 대항하는 소규모 접전(1830년 8, 9월)이 이어지다가, 제헌의회 기간(1830년 11월~1831년 2월) 동안 혁명의 소수특권화 현상이 나타나는 식의 전형적인 독립 절차를 밟았다. 혁명은 극단주의자, 공화주의자, 민주주의자들의 합작품이었으나 헌법은 귀족, 사제, 온건 자유주의자들에 의해 철저하게 통제된 절차가 낳은 산물이었다. 하긴 그렇지 않고 다른 어떤 방법이 가능했겠는가? 독립 벨기에 최초의 국회로 헌법안 작성이라는 임무를 부여받은 국민의회 선거날인 1830년 11월 3일, 투표권은 전체 인구의 1퍼센트에도 못 미치는 4만 6,000명에게만 제한적으로 부여되었다. 충분한 액수의 세금(이 정액지대 또는 납입금을 '상스cens'라고 한다)을 납부한 자들만 그들의 의사를 당당하게 밝힐 권리가 있었던 것이다. 나라의 장래를 결정하게 될 자들은 주로 대지주, 귀족, 혹은 자유업자들이었으며, 이들 '정액지대 납입자' 외에 정액지대를 온전히 납부하지는 않았으나 예외적으로 투표권을 부여받은 일부 사제, 교수들도 포함되었다. 국민의회는 200명의 의원으로 구성되었는데, 이 중 45명은 귀족, 38명은 변호사, 21명은 행정가, 13명은 사제 출신이었다. 200명 가운데 절반가량은 독립 이전에 이미 공직을 역임한 경험이 있었으므로 사실상 사람들이 바라던 만큼 뚜렷하게 과거와 단절하기란 불

가능한 실정이었다.[32]

혁명을 통한 도약의 꿈은 이미 날아가버렸고, 새로 제정된 헌법은 온건한 절충안으로서 국외적으로는 수용 가능하며 국내적으로는 코에 걸면 코걸이 귀에 걸면 귀걸이 식으로 두루뭉술했다. 사회의 보수세력은 적어도 세 가지 점에서만큼은 만족스러워했다. 첫째, 새로운 체제는 왕정(이는 공화국이 아니었다는 말이 된다)이었고, 둘째, 정액지대 납입자에 한해서 투표권을 부여하는 방침(투표권의 확대를 저지했다)은 유지되었으며, 셋째, 상원제도(의회의 단원제가 아니라 양원제가 채택되었다는 말이다)를 도입했다. 보수주의자들에게는 특히 이 마지막 요소가 중요했는데, 신생국가 내에서 소수특권 체제의 명맥을 이어갈 수 있는 새로운 기관을 확보했다는 이유 때문이었다. 세금의 문턱이 대단히 높았으므로, 오직 엄청난 재산을 보유한 자들만이 상원의 자리를 넘볼 수 있었다. 이 자리에 출마할 수 있는 사람은 전국을 통틀어 400명에 불과했다.

한편 이제 막 태어난 젊은 벨기에의 진보세력은 시의적절하게 여러 가지 방어 장치를 도입했다. 왕권은 헌법과 의회의 권한에 종속(따라서 입헌왕정 또는 의회왕정이라고도 한다)되며, (프랑스, 미국과는 달리) 간접선거가 아닌 직접선거를 몰아붙였고, 언론의 자유, 집회의 자유가 헌법에 명시되었으며, 제비뽑기에 의한 시민 배심원 제도를 못 박았다. 정액지대 납입자에게만 투표권을 제한하는 제도는 그대로 살아남았으나, 그래도 다른 나라에 비해서는 한결 느슨해졌다. 벨기에의 경우 주민 95명당 1명이 투표권을 행사한 반면, 프랑스(그 사이 프랑스는 왕정으로 회귀했다)에서는 이 비율이 160명당 1명으로 떨어졌다.[33] 민중혁명 가담자들 가운데 가장 급진적이고 과격한 자들만 아무런 소득도 챙기지 못했다.

벨기에 헌법은 비록 전체 내용의 4분의 3이 프랑스와 네덜란드 헌법 창시자들이 작성한 내용을 그대로 옮겨놓았지만, 국가수반과 의회, 정부 등 각기 다른 권력들 간의 '견제와 균형checks and balances' 체제를 더욱 완벽하게 가다듬었다는 데에서 독창성을 갖는다. 그리고 눈 밝은 관찰자들은 이러한 장점을 놓치지 않았다.

이 문헌이 행사한 지대한 영향력이 오늘날에 와서는 잊힌 감이 있지만, 19세기를 점철하는 근대 국가들의 개화 시기 내내 하나의 기준점으로 작용했음은 다시 한 번 상기해둘 필요가 있다. 삭스 주 헌법(1831년), 스위스 헌법(1848년), 프랑크푸르트 의회가 마련한 독일 연방 기초법안(1849년) 등은 벨기에 헌법의 일부분을 통째로 차용했다. 스페인 헌법(1837년)을 비롯한 다른 헌법들도 벨기에 헌법에 크게 영향을 받았다. 혁명의 해였던 1848년 이후, 벨기에 헌법은 수많은 헌법 작성의 전범이 되었다. 그리스(1848년, 1864년), 네덜란드(1848년), 룩셈부르크(1848년), 피에몬테-사르데냐(1848년), 프로이센(1850년), 루마니아(1866년), 불가리아(1879년) 등이 여기에 해당하며, 심지어 훗날 터키가 되는 오스만제국(1876년)도 예외가 아니었다. 게다가 네덜란드와 룩셈부르크, 그리스, 루마니아, 불가리아의 경우는 벨기에 원본을 아주 충실하게 복제했다. 20세기 초, 벨기에 헌법의 영향력은 이란(1906년)으로도 확산되었다. 1918년 이후에는

폴란드나 헝가리, 체코슬로바키아 같은 중부 유럽의 신생국가들 또한 이로부터 영감을 받았다.[34]

　　최근에 소개된 한 비교연구 결과는 이를 다시 한 번 확인해준다. "1831년에 제정된 벨기에 헌법은 1848년 이전에 제정된 가장 중요한 헌법들 가운데 하나로 손꼽힌다."[35]『뉴 케임브리지 모던 히스토리The New Cambridge Modern History』는 벨기에 헌법에 대해서 "같은 무렵 유럽에서 제정된 모든 헌법들을 실제적으로 뛰어넘는 등대" 같은 헌법이라고 평가했다.

　　　　이 모범적인 헌법은······ 독창적이며 다른 헌법보다 훨씬 나은 특성들을 많이 내포했기 때문에, 이 문헌이 그토록 자주 복제되지 않았다면 오히려 더 이상할 것이다.[36]

　　요컨대 139개 조항으로 이루어진 간략하고 명료한 이 문서는 한 세기 내내 근대국가들의 다수가 취하게 될 형태에 아주 결정적인 역할을 했다. 선거 대의정치 체제는 이렇게 해서 하나의 규범으로 정착했다. 토크빌은 이것에 '민주주의'라는 이름을 붙여주었고, 벨기에 헌법은 여기에 국제적으로 널리 활용될 수 있는 재생 가능한 모델을 더해주었다. 1850년 이후 민주화 투쟁은 더 이상 선거를 반대하는 투쟁이 아니라 투표권 확대를 위한 투쟁이 되었다. 유럽 각지에서 한창 확산되던 노동자 운동마저 이 헌법에 담긴 내용을 그들의 주요 요구 사항으로 채택한 반면, 제비뽑기 확신을 위해서는 거의 아무런 행동도 취하지 않았다. 제비뽑기는 오히려 민중들 사이에 한층 더 씁쓸한 뒷맛을 남겼다. 제비뽑기가 과거에 군복무자를 모집하기 위해 사용되던 치욕적인 징집 방식을 상기시킨다는 이유 때문이었다. 18세기 말 프랑스에서 고안된 이 징집 방식은 벨기에를 비롯한 다른 여러 나라에서 1세기 동안 실시되면서 많은 사람들의 원성을 샀다. 플랑드르 문학의 아버지로 추앙받는 헨드릭 콘시엔스Hendrik Conscience는 1849년에 발표한, 그다지 길지 않지만 그의 대표작이라고 할 만한 소설 『징집병De Loteling』[37]에서 이 문제를 다루었다.

군 복무 관련 제비뽑기는 정치에서의 기회 균등이 아닌 시민들에게 인기가 없는 의무 사항을 공평하게 분배하는 것을 목표로 삼는다. 적어도 서류상에서는 그렇다는 말이다. 그런데 실제로는 이와 반대로 사회적 불평등을 유지하는 결과를 낳았다. 추첨을 통해 운명적으로 군복무를 하게 된 부잣집 아들들은 다른 사람, 즉 돈 없는 농부 또는 노동자의 아들들이 이를 대신해주기만 한다면 이들에게 얼마든지 돈을 지불할 용의가 있었으며 실제로 돈으로 이들을 고용하는 일이 빈번했다. 이 때문에 제비뽑기는 특히 하층 계급에 속하는 많은 사람들에게 완전히 신뢰를 잃고 말았다. 귀족들에게만 유리한 제도로 비쳤기 때문이었다. 이 얼마나 기막힌 역사의 반전인가! 때문에 그 어떤 사회주의 지도자, 마을 사제도 제비뽑기의 활용을 권하거나 이를 옹호할 수 없었다. 제비뽑기는 이제 완전히 한물간 구시대의 유물이 되었다.

1891년, 고대 아테네에서의 제비뽑기에 대한 최초의 대대적인 연구 결과가 발표되었을 때, 이 논문의 저자로 케임브리지대학교의 킹스 컬리지에 소속된 위클리프 헤드럼은 다음과 같은 말로 자신의 연구를 소개했다.

고대 역사를 통해 우리가 접하게 된 모든 관습들 가운데 그 어느 것도 국가 공무원을 제비뽑기로 선발하는 제도만큼 이해하기 어려운 것은 없다. 우리로 말하자면 그와 같은 체제를 경험한 적이 단 한 번도 없으며, 따라서 그런 제도를 도입하자는 제안은 너무도 우스꽝스럽게만 여겨지기 때문에 그런 제도가 그토록 오랜 기간 문명사회에서 활용되어왔다는 사실조차 믿기 어렵다.[38]

그로부터 반세기 후인 1948년, 인간의 권리를 위한 보편적 선언은 우리에게 "민중의 의지는 정기적으로 치러지는 정직한 선거를 통해 표현되어야 한다"고 알려준다. 그로부터 또다시 반세기가 흐른 후, 프란시스 후쿠야마Francis Fukuyama는 전 지구적 베스트셀러가 된 그의 저서에서 의회 민주주의와 시장경제의 신화적 결합을 축복함으로써 『역사의 종말』을 알린다. "한 나라가 모든 성인 주민들에게 평등하게 다수 후보제를 기반으로 하는 보통선거, 비밀선거에 정기적으로 참여할 권리를 부여하여 그들 스스로 자신들을 통치할 정부를 선택할 권리를 부여할 경우, 우리는 그 나라를 민주국가라고 할 수 있다"[39]고 주장했다.

자, 이 정도면 합의가 구체적으로 실현된 셈이다.

현재 우리가 앓고 있는 고질적인 선거 근본주의의 전모는 대략 다음과 같이 요약된다. 모든 정치 수단들 가운데 가장 민주적이라고 할 수 있는 제비뽑기는 18세기에 들어와 선거와의 대결에서 궁지에 몰렸다. 그런데 선거는 본래 민주주의를 위한 수단으로 고안되지 않았다. 선거는 혈통에 의거하지 않는 새로운 '귀족들'을 권좌로 끌어들이도록 마련된 절차였다. 투표권이 점진적으로 확산된 덕분에 이 소수특권적인 절차는 통치자와 피통치자, 정치가와 유권자 사이에 존재하는 근본적인 과두정치적 구분을 해소하려는 노력 없이, 전적으로 민주화되었다. 에이브러햄 링컨이 내비친 희망에 맹렬한 타격을 가하며 선거 민주주의는 민중에 의한 통치government by the people라기보다는 민중을 위한 통치government for the people에 머물러 있게 되었다. 불가피하게도 선거 민주주의는 수직적인 요소와 분리할 수 없게 되어버렸다. '높은 곳'과 '낮은 곳', 권위와 그 권위에 복종하는 백성들이라는 양상을 제거하지 못한 것이다. 투표 참여는 이로써 몇몇 개인을 높은 곳으로 데려다주는 승강기 역할에 그치고 만다. 이 사실로 미루어 선거 민주주의에는 자유의사에 따라 선택된 봉건주의적 특성이 남아 있으며, 우리는 일종의 내부적 식민주의 형태에 찬성한 형국이라고 봐야 한다.

오늘날 도처에서 감지되는 민주주의 피로감 증후군은 선거를 통한 대의 민주주의 체제를 신성화한 데 대한 당연한 결과다. 지난 수십 년 동안 선거는 민주주의의 엔진으로 비교적 원활하게 기능해 왔다. 하지만 요즘 들어 우리는 그것이 실제로는 굴러들어온 돌, 엉성하게 기워 붙인 조각에 불과했다는 사실을 점점 더 자주 통감하게 된다. 물론 우리는 과거부터 줄곧 그 조각을 표 나지 않도록 충분히 갈고 닦아 주권재민이라는 기제에 어울리도록 손질해두었다. 그런데 2세기 정도의 시간이 흐른 지금, 우리는 마모 현상이 가속화되었음을 직시할 수밖에 없다. 효율성은 부작용을 낳았고, 정당성은 답보 상태다. 여기저기서 불만과 불신, 항의가 수면 위로 떠오르고 있다. 여기저기서 질문이 쇄도한다. 과연 새로운 민주주의란 불가능할까? 이런 맥락에서라면 제비뽑기가 다시금 고개를 쳐든다고 해서 놀랄 일인가?

4장

제비뽑기, 새로운 민주주의의 가능성

간디가 말했다고 전해지나 실은 중앙아프리카에서 전해 내려오는 멋진 속담 하나를 소개한다. "네가 나를 위해 나를 빼놓고 하는 모든 것, 사실상 네가 하는 그 모든 것은 내 의사와는 반대되는 것이다." 이 속담은 오늘날 선거 대의 민주주의가 겪는 비극을 더할 나위 없이 간명하게 요약해서 들려준다. 아무리 좋은 의도를 가졌다한들 민중의 직접적인 참여 없이 나라를 이끈다면 이는 전체가 아닌 절반만 이끄는 것과 다르지 않다. 18세기에 주민들의 절대 다수는 문맹자였으며 국토의 광대한 지역은 접근 불가능했다. 그러므로 선거를 중요하게 여기게 된 데에는 나름대로 그럴 만한 실제적인 이유가 있다고 볼 수 있다. 하지만 이러한 선택이 오늘날에도 여전히 유효한가?

민중의 목소리에 귀 기울이다

1988년 8월, 미국에서 발행되는 잡지 《애틀랜틱 먼슬리The Atlantic Monthly》에는 제임스 피시킨James Fishkin이라는 자가 쓴 상당히 독특한 기사 한 편이 실렸다. 2페이지 분량의 짧은 기사였으나 내용은 놀라웠다. 이 기사는 마이클 듀카키스를 상대로 치열한 선거전을 벌인 끝에 아버지 조지 부시를 백악관 주인 자리에 앉혀놓게 될 대통령 선거를 몇 달 앞둔 시점에 발표되었다. 부시와 듀카키스, 이 두 사람은 각각 전국적으로 치러지는 기나긴 후보 경선과 코커스caucus(미국의 공화당, 민주당은 전당대회를 통해서 대통령 선거에 나갈 후보를 지명하는데, 이 전당대회에 내보낼 대위원을 뽑는 주州 단위 당원 대회를 가리켜 코커스라고 한다—옮긴이)를 거쳐 공화당과 민주당의 후보로 결정된 터였다. 미국에서 경선 투표는 항상 아이오와 주와 뉴햄프셔 주에서 시작되고 미디어는 이 사건을 대서특필하므로 이 두 주는 생각보다 훨씬 더 큰 힘을 행사한다. 이 두 곳에서 좋은 성적을 거둔 후보는 필요 이상으로 길게 방송에 얼굴을 내비치는 반면, 두 주에서 성적이 시원치 않으면 그 반대 입장이 되고 만다. 다시 말해서 자금줄이 끊겨버린다. 어떤 정당을 지지하는 사람들이 그 정당이 내세우는 후보의 면면을 제대로 살피기도 전에 이미 미디어와 자금주들만의 고유한 규칙에 따라 후보의 앞날이 결판나는 것이다.

그런데 과연 이게 정상이냐고 제임스 피시킨은 묻는다. 그는 이런 상황에서 도대체 어떻게 여전히 민주적 절차를 들먹일 수 있는 거냐고도 묻는다. 이 텍사스 주 출신의 젊은 교수는 자신의 전공 분야에서 최근 생산된 저작들에 대해서라면 해박했다. 그는 몇 년 전 정치학자 제인 맨스브릿지Jane Mansbridge가 발표한 『적대적 민주주의를 넘어서Beyond Adversary Democracy』도 읽었다. 제인 맨스브릿지는 미국에는 두 개의 민주주의 전통이 있는데, 하나는 적대적adversary 민주주의이고 다른 하나는 통합적unitary 민주주의라고 말한다. 하나는 갈등을 야기하고 정당들이 서로 대립하며, 다른 하나는 상대를 존중하고 시민들이 서로 합의에 이른다는 것이다. 제임스 피시킨은 벤자민 바버Benjamin Barber가 1984년에 발표했으며, 20세기 말에 가장 큰 영향력을 행사한 정치학 저서로 손꼽히는 『강한 민주주의Strong Democracy』에 대해서도 막힘이 없다. 바버는 강한 민주주의와 약한 민주주의를 구분한다. 그에 따르면 오늘날 문제가 되는 대의 민주주의, 갈등의 민주주의는 약한 민주주의의 특성에 해당한다.

흥미진진한 시기였다. 전후 가장 위대한 철학자이자 정치학자로 명망 높은 존 롤스John Rawls와 위르겐 하버마스가 나서서 미래 사회를 구상하기 위한 토론에 시민들이 더 적극적으로 참여해야 한다고 호소하던 시기였으니까. 이러한 종류의 토론은 이성적으로 진행되어 실제로도 민주주의의 정당성을 크게 향상시킬 수 있다. 대학 사회에서는 현행 정치체제에 대해 경계심을 보이는 학자들이 점점 늘어나는 중이었다.

이처럼 새로운 생각들은 실천에 옮겨야 하지 않을까? 제임스 피시킨은 위에서 말한 그 기사에서 2주 동안 미국 전국 각지에서 오는 시민 1,500명과 공화당, 민주당 구별 없이 대통령 선거에 나가고 싶은 후보자들 전원을 한자리에 결집시킬 것을 제안했다. 입후보자들은 자신들의 정견을 발표하고 시민들은 그것을 충분히 듣고서 합의에 도달해보자는 것이었다. 이들이 벌이는 토론을 텔레비전을 통해 중계한다면, 그 자리에 참석하지 않은 다른 시민들도 더 적극적으로 선택에 참여할 수 있을 것이라 제안했다. 요컨대 제임스 피시킨은 아테네 민주주의가 보여준 두 가지 양상, 즉 다양성의 확보를 위해 참가자는 제비뽑기로 결정되며 이들에게는 소정의 보상이 주어진다는 점을 재현하려는 의도를 대놓고 표출했다. "정치적 평등은 임의적으로 뽑힌 표본과 일을 할 때 구현된다. 이론적으로 모든 시민은 참가자가 될 가능성을 똑같이 갖고 있다." 정치에 참여할 기회의 고른 배분. 바야흐로 아테네의 이상이 잿더미 속에서 다시 빛을 발하는 순간이 아닌가! 피시킨이 그가 말하는 표본과 더불어 얻고자 하는 것은 이제껏 지겹게 해온 단순한 여론조사와는 거리가 멀었다. "그 같은 여론조사들은 대중이 곰곰이 심사숙고하지 않을 때 무심코 떠오르는 생각들만을 측정한다. …… 숙의적 여론조사는 이와 반대로 대중이 심사숙고할 기회를 얻었을 때 생각하는 바를 측정한다."

숙의 민주주의deliberative democracy라는 용어는 이렇게 해서 태어났다. 숙의 민주주의는 시민들이 정치인들을 대상으로 투표할 뿐 아니라 그들끼리 혹은 전문가들과 더불어 토론을 벌이고 의견을 개진하는 민주주의를 가리킨다. 숙의 민주주의는 집단 토론이 중심적인 위치를 차지하며, 당면한 사회 문제들에 도전하기 위해 참가자들이 심도 있는 정보와 논거에 기초하여 합리적이고 구체적인 해결책을 도출해내는 민주주의의 한 형태다. 몇몇 목소리 크고 언변 좋은 참가자들 때문에 집단 토론 방식이 위축되는 현상을 방지하기 위해 모든 과정은 전문적인 토론 중재자들의 입회하에 미리 정해진 틀에 따라 최대한 작은 그룹으로 나누어 진행된다. 최근 몇 년 사이 숙의 민주주의에 관한 담론이 거의 폭발적으로 늘어났으나, 따지고 보면 숙의 민주주의는 2,500년 전에 이미 실시되던 것이다. 피시킨 스스로도 이점을 지적한다. "정치적 평등과 토론의 접목은 사실 고대 그리스로 거슬러 올라간다. 고대 아테네에서는 제비뽑기로 선출된 수백 명의 시민들이 토론 집단을 형성해서 중요한 문제들을 결정했다. 아테네 민주주의의 쇠락과 더불어 이와 같은 관습도 유명무실해지다가 결국 잊히고 말았다."[1]

진심으로 자신의 제안을 실행에 옮기고 싶어 했던 피시킨은 여러 형태의 조직을 구상하고 수단을 궁리했으나 아무래도 1992년 대통령 선거까지 준비를 끝내는 것은 불가능했다. 참가자들을 어떤 방식으로 한 자리에 오게 할 것인가? 이 참가자들이 밤에는 어디서 잠을 잘 것인가? 2주일이라는 기간은 결코 짧지 않은 기간이고, 1,500명은 엄청나게 많은 인원이었다. 결국 그는 600명을 모아 주말을 함께 보내도록 하는 쪽으로 자신의 구상을 수정했다. 그 정도만 되어도 훨씬 실현 가능성이 높은 데다 통계학적으로 보자면 여전히 대표성을 인정받을 수 있는 규모였다. 그는 영국에서 이보다 조금 더 작은 규모의 토론회를 여러 차례 조직한 후, 마침내 1996년, 빌 클린턴과 밥

돌이 맞붙는 선거가 치러지는 해에 만반의 준비를 갖췄다. 텍사스 주 오스틴에서 1월 18일부터 21일까지의 나흘 동안 '국가 현안 컨벤션 National Issues Convention'이라고 이름 붙인 최초의 대토론회가 진행되었다. 피시킨은 여러 곳에서 총 400만 달러에 이르는 후원을 받았는데, 그중에서 특히 아메리칸 에어라인American Airlines, 사우스웨스턴 벨 Southwestern Bell, 오스틴 시, 그리고 공영방송 PBSPublic Broadcasting Service 의 후원이 주목할 만하다. PBS는 후원금 외에 이 토론회에 4시간이 넘는 방송 시간을 할애하여 제비뽑기로 선발된 시민들과 대통령 선거에 출마한 여러 후보자들과의 토론을 시청자들이 지켜볼 수 있도록 배려했다. 이처럼 관대한 후원에도 불구하고 피시킨은 격렬한 반대와 맞닥뜨렸다. 몇몇 여론을 주도하는 자들이 그의 제안에 혹평을 퍼부었다. 토론회가 시작되기도 전에 미국 전역에서 활동하는 기자들에게는 피시킨의 시도를 경계해야 한다는 내용이 수록된《퍼블릭 퍼스펙티브Public Perspective》가 여러 권씩 발송되었다.[2] 시민들이 함께 모여 토론을 한다고? 그런 건 불가능해, 아니 적어도 바람직하지는 않지. 어쨌거나 그런 건 위험하다고.

제임스 피시킨은 그래도 희망을 버리지 않았다. 학자로서 그는 대중들의 합의가 과연 무엇으로 이어질 수 있을지 알고 싶어 했다. 그는 참가자들에게 토론회가 시작되기 전, 토론회 기간 중, 그리고 토론회가 끝난 후 각각 설문지를 돌렸다. 그들의 관점이 어떻게 바뀌는지 관찰하려는 의도에서였다. 참가자들은 토론회 시작에 앞서 해설이나 논평을 곁들이지 않은 사실 정보를 제공받았으며, 전문가들과 토론을 할 수도 있었다. 이 때문에 그들의 의견이 영향을 받았을까? 관찰자들은 어쨌거나 "대다수 참가자들의 대단히 헌신적인 자세, 상호 존중, 유머 감각에 크게 감동을 받았으며 그 덕에 다양한 견해들에 관용적인 집단 분위기가 형성되었다"[3]는 느낌을 받았다고 평가했다.

객관적 여론조사의 결론 또한 충격적이었다. '이전'과 '이후'의 차이는 어마어마한 것으로 나타났다. 토론이라는 절차는 시민들의 역량을 눈에 띄게 향상시켰다. 이들은 자신들의 정치적 판단을 섬세하게 제련했으며, 상황에 따라 견해를 조절하는 법을 배웠다. 그리고 정치적 결정의 이면에 얼마나 많은 복잡한 요소들이 포진했는지 이해하게 되었다. 처음으로 평범한 사람도 그에게 적절한 여건이 주어진다면 얼마든지 유능한 시민이 될 수 있음이 학문적으로 입증되었다. 피시킨은 이 체제가 여론조사 혹은 끊임없이 되풀이되는 판에 박힌 정치 구호 등에 끌려 다니는 대중 민주주의를 멀리하고 '진정한 민중의 목소리'에 귀 기울이는 민주주의를 강화시킬 수 있는 가능성을 제공한다고 생각했다.[4]

제임스 피시킨의 시도는 정치학 분야에서 진정으로 토론에 관한 전기를 마련했다. 그의 작업 이후, 제대로 된 학자들 가운데 숙의 민주주의가 선거 대의 민주주의라는 중환자에게 제공할 수 있는 엄청난 혜택에 대해 이의를 제기하는 자는 아무도 없다. 시민의 참여가 시위나 파업 행위, 탄원서 서명 또는 그 외 공공장소에서 허용되는 각종 형태의 동원으로만 제한되어서는 안 된다. 시민의 참여는 제도적 장치 속에도 굳건하게 뿌리를 내려야 한다. 그 후 제임스 피시킨은 전 세계 곳곳에서 수십 차례에 걸쳐 숙의 조사를 실시했으며, 그때마다 매우 놀라운 결과를 얻었다.[5] 그의 일터가 있는 텍사스 주는 여러 번씩 제비뽑기로 시민들을 선발하여 클린 에너지 문제에 관한 토론회를 열었다. 석유를 생산하는 텍사스 주 입장에서는 클린 에너지라고 하면 사실 위험부담이 제법 큰 껄끄러운 주제였다. 제비뽑기로 선발된 시민들끼리의 토론 끝에 풍력 또는 태양광 에너지 사용을 위해 돈을 더 지불할 용의가 있다는 사람의 비율은 52퍼센트에서 84퍼센트로 껑충 뛰었다! 이처럼 주민들의 지지가 증가한 덕분에 텍사스 주는 2007년 미국에서 가장 많은 풍력 발전기를 보유한 주로 등극했다. 10년 전만 하더라도 이 분야에서 텍사스 주는 꼴찌였다. 일본에서도 퇴직 문제와 관련하여 이와 비슷한 시도가 있었으며, 불가리아에서는 롬Rom(흔히 집시라고도 한다. 북부 인도에서 기원한 유랑 민족으로, 정착하지 않고 떠도는 특성 때문에 부정적으로 인식되는 경향이 있다—옮긴이)에 대한 차별 문제, 브라질에서는 공무원 경력, 중국에서는 도시 정책에 관해, 그 외에도 여러 곳에서 특정 사안을 놓고 시민 토론회가 열렸다. 그리고 그러한 토론회에서 얻은 합의는 새로운 법 제정으로 이어졌다. 숙의 민주주의는 북아일랜드처럼 심각한 분열을 앓는 사회에서도 순기능을 발휘하는 것으로 나타났다. 교육 개혁을 위해 가톨릭 신자 학부모들과 개신교 신자 학부모들을 모아 토론시킨 피시킨은 서로 이야기를 나누기보다 대부분의 경우 거의 일방적으로 자기 말만 전달하는 데 익숙한 사람들일지라도 합의를 통해 매우 구체적인 제안을 작성하는 데 도달할 수 있다고 주장했다.

다른 곳에서도 시민 참여의 새로운 모델들에 대한 모색이 이루어졌다. 독일은 1970년대 이후 '계획 팀Planungszellen'을 두고 있으며, 덴마크는 1986년에 기술자문회를 발족시켰다. 기술자문회는 예를 들어 유전자변형생물체Genetically Modified Organism 같은 신기술이 초래하는 사회적 결과를 연구하기 위해 시민 참여를 독려하는 준準의회 기관이다. 프랑스는 1995년부터 환경과 사회기반시설 관련 문제에 시민 참여의 길을 터주는 방편으로 국가 공개토론 위원회를 제정했다. 그런가 하면 영국은 시민 판관 제도를 도입했다. 플랑드르 지역에서는 2000년에 사회와 기술 연구소Instituut Samenleving en Technologie를 설립하여 기술 문제에 관한 공공정책에 시민들의 적극적인 참여를 유도하고 있다. 한편 http ://participedia.net 사이트에서는 지난 몇 년 동안 진행된 수백 가지 시민 참여형 프로젝트들에 관한 정보들을 공개하고 있다. 그 같은 프로젝트의 목록은 나날이 길어져 간다.

이 방면에서는 특히 도시들의 활동이 괄목할 만하다. 예를 들어 뉴욕 시는 그라운드 제로(9·11테러로 파괴된 세계무역센터가 있던 자리—옮긴이)의 재정비 문제를 결정짓기 위해 주민들에게 이틀 동안 토론할 기회를 제공했다. 맨체스터 시는 범죄와의 전쟁을 주제로 시민 토론을 벌였다. 브라질의 포르투 알레그리 시를 비롯하여 남아메리카의 많은 도시들은 시민 참여 형태로 예산 협상을 진행한다. 시민들이 직접 그들이 사는 도시의 예산 정책 결정 과정에 참여하는 것이다. 중국의 원링 시에서는 제비뽑기를 통해 선출된 시민들이 대규모 사회기반시설 건설 계획과 관련하여 우선순위를 당 지도부에 건의할 수 있다. 2013년, 네덜란드 로테르담 시 남부와 벨기에의 헹크에서는 주민의 상당수가 미래의 사회·경제적 도전이라는 주제를 놓고 토론을 벌였다.

도시를 중심으로 활발하게 전개된다고는 하지만 그렇다고 참여 민주주의가 지역 혹은 국가의 테두리 안으로 제한되는 것은 아니다. 유럽연합은 연합 차원에서 대대적으로 숙의 민주주의 프로젝트를 가동하고 있다(2005년, 2007년, 2009년에 열린 유럽 시민 토론회인 '마음과 마음의 만남Meeting of the Minds'이 그 좋은 예다).

참여 방식(시민 배심원, 소규모 집회, 협의회, 토론 조사, 계획 팀 운영, 공개토론회, 시민집회, 시민의회 또는 시청 회합 등)이야 어떻든 이를 조직하는 측은 선거 전후로 시민들의 목소리를 듣는 것이 항상 유익하다고 평가했다. 선거 대의 민주주의가 이처럼 무작위적인 대의 민주주의라는 형태로 인하여 내용면에서 한층 풍성해진다고 본 것이다.

각각의 토론 프로젝트마다 시민 패널을 어떻게 구성해야 할지 결정해야 한다. 자진해서 참가하는 시민들이라면 이미 상당히 동기부여가 되어 있을 것이다. 따라서 적극적으로 참여할 것이라고 짐작할 수 있다. 그런데 이 같은 자가 선발의 단점은 거의 대부분 30대 이상의 자격 조건이 뛰어나고 언변이 매우 훌륭한 백인 남자들, 흔히 '전문가 시민'이라고 묘사하는 부류만이 모인다는 점이다. 이는 이상적이라고 할 수 없다. 반면 제비뽑기를 통해서 선발할 경우에는 이에 비해서 구성원들의 다양성과 정당성이 확보된다는 장점이 있다. 하지만 여기에도 치러야 할 비용은 있다. 대표성을 지니는 좋은 패널을 구성하는 데에는 큰 비용이 따르며, 자원한 참가자가 아닐 경우 자원한 참가자들에 비해 토론 주제에 대한 사전 지식이 불충분하다. 따라서 맡은 바 임무에 대해 쉽게 흥미를 잃을 우려가 있다. 자가 선발은 효율성을 강화하는 반면 제비뽑기는 정당성을 높인다. 이따금씩 이 둘을 절충한 형태를 취하기도 한다. 먼저 제비뽑기를 한 다음 그중에서 지원자를 선발하거나, 자가 선발 후 제비뽑기를 하는 식이다.

절대 해서는 안 될 일도 있다. 2008년 4월, 오스트레일리아의 케빈 러드 수상은 2020년의 오스트레일리아라는 주제를 놓고 시민 정상회담을 개최하기 위해 1,000여 명의 주민을 모았다. 그는 자국의 '가장 뛰어나고 가장 똑똑한 사람들'을 한자리에 모으겠다고 공언했다. 어쩐지 18세기 말 냄새가 나는 슬로건이 아닌가. 시민들은 자원하여 자신의 장점들을 소개하는 목록을 작성해야 했으며, 그 모임에 어떤 방식으로 임할 것인지를 설명하는 지원서를 첨부해야 했다. 이들에게는 그 모임에 참가하기 위해 들여야 하는 교통비나 숙박비에 대해 아무런 보상도 주어지지 않았다. 이는 오스트레일리아처럼 엄청나게 광활한 국토를 가진 나라일 경우 치명적일 수도 있는 조건이었다. 오스트레일리아 북부 지역에 거주하는 가난한 원주민 여성들 가운데 과연 몇 명이 캔버라 행 기차표를 예약할 수 있었겠는가? 바로 그 점이 문제였다. 이런 경우, 선거를 통한 소수특권주의를 민주주의로 대체하는 것이 아니라 자가 선발된 소수특권주의로 대체하는 데 불과하다. 이건 전혀 진보라 할 수 없다. 이 경우 시민 참여는 일종의 '능력주의에 따른 교황 선출 회의'로 전락하고 만다.[6]

현실 정치에서 부활한 민주주의 혁신 프로젝트들

최근 몇 년 사이에 관찰된 모든 시민 참여 프로젝트들 가운데 내가 보기에 가장 도전적이고 결정적이며 국가적 규모까지 갖추었다는 점에서 단연 돋보이는 다섯 가지 사례가 있다. 그중 2건은 캐나다에서 시행되었으며, 나머지 3건은 네덜란드와 아이슬란드, 그리고 아일랜드에서 각각 진행되었다. 5건 모두 21세기가 시작된 이후 2010년까지의 기간(아일랜드의 프로젝트는 2013년 말에 마무리 될 예정이다) 동안 실시되었으며, 5건 모두 공권력으로부터 한시적인 임기와 어마어마한 예산을 배정받았다. 또한 5건 모두 선거법 개정 또는 헌법 개정이라는 엄청나게 중요한 사안을 다루었다. 요컨대 이 5건은 민주주의의 핵심과 직결되는 사례였다. 이 같은 시도는 풍력 발전기나 옥수수 종자들에 관해서 시민들이 토론을 벌이는 것과는 차원이 사뭇 다르다.

〈표 4〉는 이 다섯 가지 프로젝트가 지니는 주요 특징을 간추려서 보여준다. 나는 2개의 국면을 구별지어 생각해보겠다. 우선 2004년부터 2009년까지의 기간에 해당하는 첫 번째 국면은 캐나다의 브리

티시컬럼비아 주와 온타리오 주에서 거행된 시민 토론과 기존 선거제도 개혁을 위해, 아니 적어도 개혁을 위한 안을 제시하기 위해 네덜란드에서 진행한 세 가지 프로젝트다.

두 번째 국면은 2010년에 시작되었으며 여전히 진행 중이다. 두 번째 국면은, 다른 무엇보다도 아이슬란드의 제헌 토론과 아일랜드의 헌법 관련 토론으로 대표된다. 이 두 프로젝트는 헌법 개정안을 제시하려는 목적에서 출발했다. 아일랜드의 경우, 헌법의 8개 조항이 문제였고, 아이슬란드의 경우는 헌법 전문을 논의의 대상으로 삼았다. 시민들에게 헌법을 고쳐 쓰라는 과제를 덥석 안기는 건 누가 보아도 보통 일이 아니다. 2008년의 신용 위기로 커다란 고통을 겪은 두 나라가 이렇듯 민주주의 혁신을 위해 대담한 결정을 하게 된 건 분명 우연이 아닐 것이다. 아이슬란드의 파산과 아일랜드의 경제 불황은 그때까지 지배적으로 군림하던 모델의 정당성과 관련하여 강한 회의감을 불러일으켰다. 따라서 관계 당국이 국민들의 신뢰를 회복하기 위해 어려운 결단을 내렸다고 봐야 한다.

2004년, 브리티시컬럼비아 주는 우리 시대에 전 세계에서 가장 야심적인 숙의 민주주의 절차를 시도하는 용기를 보였다. 캐나다의 이 지방은 무작위로 뽑힌 160명의 시민들로 이루어진 표본에 선거법 개정 임무를 맡긴 것이다. 캐나다는 그때까지 내내 다수결 원칙을 충실하게 따르는 영국식 선거체제를 그대로 답습해왔다. 이 방식에 따르면, 주어진 선거구에서 어떤 후보가 제일 많이 득표했다면, 비록 차점자와 아주 근소한 차이를 보였을지라도 모든 걸 얻게 된다(이 체

<표 4> 몇몇 서양 국가에서 시도된 민주주의 혁신 사례

장소/주민 수 (단위: 백만)	브리티시컬럼비아 주 (캐나다)/4.4	네덜란드 16.7	온타리오 주 (캐나다)/12.9
프로젝트 /시행연도	선거개혁을 위한 시민집회 (2004)	선거제도에 대한 시민포럼 (2006)	선거개혁을 위한 시민집회 (2006~2007)
업무	선거제도 개혁	선거제도 개혁	선거제도 개혁
주최 및 경비 부담	정부	정부	정부
기간	1년	9개월(주말 10회)	9개월
예산 (백만 유로)	4.1	5.1(인건비 별도)	4.5
참가 인원	시민 160명	시민 140명	시민 103명
참가 인원 구성	총 79개의 선거구 각각에서 선발된 남녀 1명+ 원주민 2명	지역별 성별 비례에 따라 대표 선발	선거구마다 시민 1명으로 책정한 결과, 여자 52명, 남자 51명, 이 중 원주민 1명
선발 방식	3단계로 구성된 모집 과정 1. 제비뽑기: 주민등록 명부에 기초하여 무작위로 선정 2. 자가 선발: 이들 중에서 집회에 참가하고 싶은 자는 사전 교육 집회에 출석한 뒤 정식 참가 의사를 결정 3. 제비뽑기: 참가 의사를 밝힌 시민들 중에서 추첨		
보상	일당 110유로 비용 실비 처리+자녀 돌봄 서비스	주말 1회당 400유로	일당 110유로
진행 절차	전 과정은 3단계로 나뉘어 진행되었으며, 각 단계별로 3~4개월 소요 1. 전문가 그룹 결성 2. 시민들과 전문가들의 만남: 지역별 회합 3. 결정과 보고서 작성		
보고서	유권자들의 한 표 한표를 의미 있게 만들기(2004년 12월)	하나의 표, 더 많은 선택지 (2006년 12월)	투표지 한 장, 두 개의 결정 (2007년 5월)
권한	국민투표를 통해 확정될 경우 구속력 지님	구속력 없음	국민투표를 통해 확정될 경우 구속력 지님
후속	국민투표 2005년: 57.2퍼센트 2009년: 39.9퍼센트	국민투표가 시행되지 않음 2008년: 정부는 후속 조치 없이 기결 사항으로 분류	국민투표 실시 2007년: 36.9퍼센트

장소/주민 수 (단위: 백만)	아이슬란드 0.3	아일랜드 6.4
프로젝트 /시행연도	헌법 논의를 위한 시민집회 (2010~2012)	헌법에 관한 컨벤션 (2013)
업무	새로운 헌법 제정	헌법의 8개 조항 검토
주최 및 경비 부담	의회Althingi	의회Oireachtas
기간	2년(3단계)	1년
예산 (백만 유로)	2.2	1.2
참가 인원	시민 25명	시민 100명
참가 인원 구성	지역별 성별 비례에 따라 대표 선발	비정치인 66명, 정치인 33명, (이 중 4명은 북아일랜드 출신) 의장 1명
선발 방식	직접 선거를 통해 1. 입후보자 522명 2. 25명 신출 3. 의회가 이들을 참가자로 제안	그룹별로 1. 의장은 임명 2. 비정치인들은 제비뽑기 3. 정치인들은 선거를 통해 선발
보상	참가자에게 4개월 의회 급여 지급	모든 비용 실비 처리
진행 절차	1. 전국 포럼: 가치 문제와 관련하여 시민 1,000명의 토론 2. 제헌 위원회: 정치인 7명의 권유 사항 3. 헌법 결정을 위한 평의회: 시민 25명	1. 전문가 집단과 8주 회합 2. 각 참가자 의견 개진 3. 지역별 회합 4. 총회(인터넷으로 실시간 중개) 5. 헌법 제정을 위한 건의 내용 제시
보고서	아이슬란드 공화국의 신헌법을 위한 제안(2011년 7월)	컨벤션 경과보고와 제안
권한	국민투표를 통해 확정될 경우 구속력 지님	의회에서 통과될 경우 구속력 지님
후속	국민투표 실시 2014년: 모든 안건에 대해서 3분의 2 이상 찬성, 의회는 두 선거 사이의 기간 동안 2회에 걸쳐서 동의해야 함	국민투표 실시 여부를 의회가 4개월 안에 결정해야 하며, 국민투표를 실시할 경우 단순 다수결로 결정

제하에서는 비례제와는 달리, "승자가 모든 걸 갖는다the winner takes all"). 그렇다면 과연 이것이 가장 정당한 걸까? 시민집회 참가자들은 1년이 조금 못 되는 기간 동안 정기적으로 만나야 했다. 선거 규칙을 바꾸는 일은 일반적으로 정당들로부터는 해결책을 기대할 수 없는 일이니까. 당사자인 정당들은 공동의 이익을 생각하기보다는 새로운 체제가 도입되면 자신들이 어떤 손해를 얼마나 보게 될지만 끊임없이 계산하기 때문이다.

이렇게 볼 때, 어디에도 매이지 않은 시민들에게 이 막중한 임무를 부여하겠다는 온타리오 주의 착상은 상당히 설득력 있어 보인다. 온타리오 주는 브리티시컬럼비아 주에 비해 주민 수가 3배나 되지만 그래도 선거인 명부에 등록되어 있는 시민들 가운데 무작위로 선정된 상당수에게 집회 초대장을 발송했다. 관심을 가진 사람들은 사전에 진행되는 모임에 나가서 필요한 정보들을 들을 수 있고 그런 연후에 본인들이 원하면 참가 의도를 확인하면 되었다. 이렇게 해서 모인 지원자들을 대상으로 제비뽑기를 실시하여 103명의 시민으로 구성된 패널이 선정되었다. 103명 가운데 여자는 52명, 남자는 51명이었으며, 이 중에는 원주민이 적어도 한 명은 포함되었고, 피라미드 형태에 따른 인구분포 또한 준수되었다. 오직 의장만 유일하게 제비뽑기를 거치지 않고 임명되었다. 전체 집회 참가자 가운데 77명은 캐나다에서 태어났으며, 27명은 다른 나라에서 온 사람들이었다. 이들의 직업은 보모, 경리, 노동자, 교사, 공무원, 기업가, 컴퓨터 공학자, 학생, 의료인 등으로 다양했다.

네덜란드의 경우, 선거에서 비례대표제를 도입했음에도 D66 정당(개혁 지향적인 자유주의 정당으로 네덜란드 정치 판도에서 중도좌파에 속한다—옮긴이)은 벌써 여러 해째 민주주의 규정을 개선하기 위해 노력을 기울여왔다. 2003년, 연립정부를 구성하기 위한 협상에 들어가면서 이 정당은 연정 파트너들에게 선거제도 개편을 위한 시민포럼을 열자고 설득했다. 캐나다에서 이미 시행한 사례를 거울삼아 시도해보자는 것이었다. 다른 정당들은 이에 대해 미적지근한 반응을 보이면서도 그것이 D66이 연립 내각에 참여하기 위해 내거는 조건이라면 어디 한 번 해볼 수도 있다는 입장을 보였다. 2006년, 조기선거가 실시되면서 D66이 연립정부를 떠나게 되자 이 계획은 망각의 늪으로 던져졌다. 어찌나 소리 소문 없이 잊혔는지 대다수 네덜란드인들은 신문을 꼼꼼하게 읽는 열성 독자들마저도 이 일에 대해 전혀 눈치 채지 못하거나 거의 기억하지 못할 정도였다. 캐나다에서와 마찬가지로 벌써 흥미로운 사전 작업들이 제법 많이 이루어진 상태였음을 고려할 때 참으로 안타까운 일이 아닐 수 없었다.[7]

위에 인용한 세 가지 사례의 경우, 시민 참가자 모집은 3단계에 걸쳐 완성되었다. ① 선거인 명부에 올라 있는 사람들 가운데 무작위 제비뽑기를 통해 1차 표본이 결정되었으며, 1차 표본 명단에 오른 사람들에게는 우편으로 초대장이 발송되었다. ② 초대장을 받은 사람들을 대상으로 자가 선발 절차가 적용되었다. 즉 관심이 있는 사람들은 사전 모임에 참석하여 필요한 정보를 입수할 수 있으며, 그런 연후에 자신이 정말로 시민 모임 참가 후보자로 나설 것인지 여부를 결정했다. ③ 자원한 후보자들을 대상으로 나이와 성별을 비롯한 여러 기준에 따른 균형 잡힌 배분을 고려하면서 2차 제비뽑기를 실시하여 최종 대표단을 확정했다. 요컨대 제비뽑기/자가 선발/제비뽑기, 이렇게 3단계로 이루어진 선발 절차였다.

시민포럼은 각기 다른 세 장소에서, 9개월에서 12개월에 걸쳐 진행되었다. 이 기간 동안 참가 시민들에게는 전문가들의 도움과 관련 자료 열람 등을 통해 현안과 익숙해질 수 있는 기회가 주어졌다. 그런 다음 그들은 다른 시민 참가자들과 더불어 서로의 의견을 들었다. 새로운 선거법을 위한 그들의 구체적 제안은 이렇게 해서 탄생했다(말이 나온 김에 덧붙이자면, 온타리오 주의 시민들은 브리티시컬럼비아 주의 시민들과는 다른 선거 모델을 채택했다. 이로써 숙의 과정은 미리 정해진 특정 방향으로 선택을 몰아가기 위한 조작이 아님을 알 수 있다).

온라인상에서 캐나다와 네덜란드 시민의회가 작성한 보고서를 읽을 때 가장 놀라운 점은 기술적으로도 완벽하게 가다듬어진 대안을 변호하기 위해 제시하는 논거가 매우 섬세한 뉘앙스까지 겸비하고 있다는 점이다. 만일 제비뽑기를 통해 선발된 평범한 시민들이 분별 있고 합리적인 결정을 내릴 수 있다는 사실 자체를 의심하는 사람이 있다면, 이 보고서들을 꼭 한 번 읽어보는 게 좋겠다. 피시킨의 결론은 이 시도를 통해서 다시 한 번 입증된다.

이와 더불어 또 한 가지 놀라운 점은 이 세 프로젝트 가운데 어느 하나도 정치 판도에 실질적인 영향력을 행사하는 데에는 성공하지 못했다는 점이다. 어떻게 이런 일이 있을 수 있을까? 분별 있고 이치에 맞는 결론이 구체적인 실천으로 연결되지 못했다니? 안타깝지만 이건 사실이다. 세 경우 모두 시민 모임이 내놓은 제안은 국민투표를 통해 최종 결정을 내리도록 되어 있다. 한눈에 보기에도, 제비뽑기가 대번에 이의를 제기할 여지가 없는 정당성을 확보해주는 민주적 도구가 아닌 것은 분명하다. 뭐랄까 미국 시민 배심원이 내린 사법적 판결에 대해 이를 국민투표로 결정지어야 한다고 하는 격이라고나 할까. 그런데 실제로 일은 그처럼 어이없는 방식으로 진행되었다. 수십 명의 시민들이 여러 달에 걸쳐 제공한 노고의 결과물이 아무런 사전 준비 없는 주민들이 순간적으로 내리는 판단의 처분만 기다리는 꼴이 되고 말았다. 브리티시컬럼비아 주의 경우, 주민 57.7퍼센트가 찬성표를 던졌다. 이 정도면 찬성률이 높다고 말할 수 있긴 하나, 그래봤자 기대치로 잡았던 60퍼센트에는 미치지 못 한다(이들의 제안은 2009년에 다시 한 번 표결에 붙여지는 기회를 잡았으나, 이때는 이미 열기가 식어 찬성률은 고작 39.9퍼센트에 머물렀다). 한편 온타리오 주에서는 불과 36.9퍼센트의 주민들만이 찬성 의사를 표했다. 네덜란드에서는 발케넌더 내각이 시민포럼 진행을 위해 500만 유로 이상의 비용을 지출했음에도 선거제도에 관한 시민들의 권유 사항에 대하여 아무런 후속 조치를 취하지 않았다.

민주주의를 부활시키는 과정에는 오랜 시간이 요구된다. 캐나다와 네덜란드 사례의 궁극적인 실패는 그런 점에서 큰 교훈을 준다. 이 실패에 대해서는 다양한 설명이 가능하다. ① 국민투표에 참가하게 된 시민들은 사전 계획과 달리 앞서 진행된 시민포럼의 숙의 과정을 제대로 따라잡지 못했다. 따라서 기표소에서 거의 즉흥적으로 표출된 이들의 의견은 그간 시민포럼 과정에 참가했던 자들이 보여준 의견과 뚜렷한 대조를 이루었다.[8] ② 시민포럼은 제한적인 권한을 가진 일시적인 기구에 불과하다. 그렇기 때문에 기존의 공식적인 기구들에 비해 무게감이 훨씬 떨어진다. ③ 정당들은 대체로 시민포럼이 내놓은 제안을 아예 무시해버리거나 과소평가하는 쪽이 그들에게 이롭다고 판단하는 경향을 보인다. 왜냐하면 그들에게 선거제도 개혁이란 곧 권력 상실을 의미하기 때문이다. 네덜란드 정부는 심지어 국민투표를 실시하지도 않고 시민포럼의 제안을 잊어버리기로 했다.[9] ④ 캐나다의 경우, 상업 미디어들은 시민포럼에 대해 그들의 제안 내용과 상관없이 대단히 적대적인 태도를 보였다. 가령 온타리오 주에서 언론은 거의 '히스테리에 가까울 정도로 부정적인' 방식으로 반응했다.[10] ⑤ 일반적으로 판결을 내리는 건 미디어인 데 반해서, 시민포럼에는 대개 노련한 대변인과 충분한 홍보 예산이 없고 활용 가능한 재원은 마케팅 비용이 아니라 내부 운영비에 할애되었다. ⑥ 복잡한 개혁안에 대한 국민투표는 거의 항상 '반대' 쪽으로 표가 쏠리는 경향을 보인다. "잘 모르겠거든 싫다고 하라If you don't know, say no"라는 슬로건이 있을 정도다. 유럽 헌법에 관한 국민투표에서도 이 계획에 반대하는 자들이 그저 약간의 의심을 퍼뜨리면, 찬성하는 자들은 훨씬 설득력 있는 논리를 만들어내고 훨씬 적극적으로 소통에 나서야 했다. 그러므로 우리는 국민투표가 과연 복잡한 사안에 대한 결정을 내리는 데 적합한 도구인지에 대해서도 자문해볼 필요가 있다.[11]

최근 수십 년 동안 국민투표는 민주주의를 개혁할 수 있는 효율적인 수단인 것처럼 인식되어왔다. 사회가 점점 개인화되면서 시민 사회의 무게가 예전에 비해 훨씬 가벼워진 시대에, 논란의 여지가 많은 사안들에 대해서 주민들에게 직접 의견을 묻는 것이 많은 전문가들에게는 매우 유용한 것으로 비쳤던 것이다. 그런데 네덜란드, 프랑스, 아일랜드 등지에서 치러진 유럽 헌법에 관한 국민투표를 전후로 이러한 결정 방식을 향한 막연한 열정은 다소 식었다. 그럼에도 여전히 국민투표는 상당한 인기를 누리고 있다. 카탈루냐와 스코틀랜드 독립이나 영국의 유럽연합 탈퇴 등과 관련하여 계획 중인 국민투표들이 그와 같은 인기를 새삼 확인시켜주지 않는가. 국민투표와 숙의 민주주의는 양자 모두 평범한 일반 시민의 의견을 묻는다는 점에서는 같다고 말할 수 있지만, 그 점을 제외한 나머지에서는 완전히 반대된다. 국민투표에서는 모든 주민에게 한 가지 주제에 대해서 묻되, 거의 아무도 그 주제에 대해서 제대로 된 정보를 갖고 있지 않다. 반면 숙의 민주주의 절차를 밟을 경우에는 참가자가 해당 주제에 대해서 최대한 많은 정보를 얻는다. 요즘도 여전히 그런 경향이 강한데, 국민투표의 경우 사람들은 거의 본능적으로 반응한다. 반면 숙의 절차를 통할 땐 합리적이고 양식 있는 견해가 도출된다.

시민집회는 아무리 일을 잘 해도 헛일이다. 그것만으로는 충분하지 않다. 조만간 때가 되면 그들이 내린 결론을 공표해야 하는데 이는 항상 고통스러운 절차다. 시민 숙의라는 폐쇄된 공간에 갑자기 공공의 공간이 뿜어내는 환한 빛이 쏟아지는 격이니 말이다. 시민 참여를 제일 격렬하게 반대하는 자들은 언제나 정당과 상업 미디어 속에 똬리를 틀고 있기 마련이다. 도처에서 관찰되는 이와 같은 현상은 솔직히 크나큰 호기심을 자아낸다. 이와 같은 신랄함은 도대체 어디에서 오는 걸까? 많은 학계 인사들과 활동가들이 이렇게 묻는다. 대체로 시민사회는 시민들이 더 많이 참여하는 것에 호의적인데, 이는 어쩌면 노동조합, 고용주들을 위한 기관, 청년 운동, 여성단체를 비롯한 여타 협회 활동가들 스스로가 지난 1세기 내내 이와 같은 시민활동에 참여해왔기 때문일 수도 있다. 하지만 언론과 정계는 이에 대해 대체로 매우 빈정거리는 태도를 취한다. 이는 혹시 언론과 정계가 이제까지 수행해왔다고 자부하는 여론 수호자로서의 특권을 포기하고 싶지 않기 때문일까? 분명 이러한 요인이 적잖게 작용했을 것이다. 언론과 정계는 선거를 통한 대표제라는 해묵은 체제에 속하며, 따라서 새로운 형태의 민주주의에 대해서는 그다지 장악력이 없기 때문일까? 그럴 수도 있다. 위에서 아래로의 하향식으로 기능할 경우, 아래에서 위로의 상향식 시도가 등장하면 빨리 동요하게 되기 때문일까? 그와 같은 설명 또한 배제할 수 없다.

하지만 이와 같은 현상에는 다른 요소들의 개입도 만만치 않다. 정당들은 유권자들의 태도에 신경을 곤두세운다. 대다수 시민들이 정치인들을 믿지 못한다는 사실은 누구나 잘 알고 있다. 그런데 정치인들 또한 이에 못지않게 시민들을 못미덥게 여기며, 이는 아주 새로운 사실이다. 우리는 정치인 10명 중 9명은 시민사회를 불신한다는 사실을 보여주는 네덜란드 출신 페터르 카너의 연구를 기억한다. 정치인 집단이 시민들은 본질적으로 자신들과는 다른 생각을 가졌다고 믿는다면, 그들이 시민 참여에 대해 대번에 회의적 태도를 취한다고 해도 전혀 놀라울 일이 아니지 않은가.

미디어 또한 의심을 거두지 않는다. 제비뽑기로 선발된 시민들의 숙의 과정은 대체로 참가자들 자신에게는 매우 강렬한 경험이다. 그러나 이 과정은 현재 통용되는 시사 문제 보도 형식에는 그다지 적합하지 않은 것이 사실이다. 이 과정은 매우 느리게 진행될 뿐 아니라 언변 좋은 자나 널리 알려진 유명인사가 출연하는 것도 아니고, 심지어 아무런 마찰도 없다. 참가 시민들은 저마다 손에 포스트잇과 사인펜을 든 채 원탁에 둘러앉아 이야기를 나눌 뿐이다. 솔직히 시청자들을 짜릿하게 해줄 만한 그림은 아니지 않은가. 의회 민주주의는 일종의 무대이며 이따금씩 텔레비전에 아주 근사한 장면을 제공하는 반면, 숙의 민주주의는 거의 볼거리라고 할 만한 요소가 없어서 극적인 스토리텔링으로의 전환이 쉽지 않다. 채널 4가 시민의회The People's Parliament라는 프로그램을 방영하던 시기가 있었다. 제임스 피시킨의 자문을 받아 전파를 탄 이 프로그램에서는 제비뽑기를 통해 선발된 수백 명의 시민들이 젊은 층의 범죄율이나 선거권 같은 민감한 문제들에 대해 토론했다. 방송국은 방영 몇 회 만에 이 프로그램을 접었다. 단순히 '인기가 없다'는 것이 그 이유였다.[12] 이 또한 미디어의 유보적 태도를 설명해주는 요인이라 할 것이다.

아이슬란드의 경우, 캐나다와 네덜란드의 경험에서 맛봐야 했던 좌절감을 고려하였다. 시민 패널의 노고가 휴지통으로 직행하는 비극을 막기 위해 세 가지 근본적인 수정 요소가 도입되었다. 첫째, 제비뽑기를 통해서 선발된 인원은 100명이나 160명이 아니라 25명에 불과했다. 더구나 이들마저도 선거를 통해서 뽑힌 자들이었다! 입후보자들은 각각 30명의 서명을 받아와야 했다. 총 522명이 입후보자로 나섰다. 이들을 제외한 나머지 주민들은 25명을 추리기 위해 투표소로 갔다(공인 정당들 간에 벌어진 알력 다툼으로 결국 투표는 무효 처리되었고 의회가 25명을 선발하겠다고 결정했으나, 이는 차라리 부차적인 문제에 불과했다. 그보다는 제헌을 위한 시민포럼이 선거를 통해 구성되는 역설적인 철학을 보여주었다는 점이 훨씬 근본적인 문제로 지적될 수 있다). 둘째, 아이슬란드 프로젝트는 25명으로 이루어진 소집단의 활동이 유권자들과 정치인들 눈에 전혀 정당성이 없다고 비치는 일을 막아야 한다는 목표를 세웠다. 이에 따라 수천 명의 시민들이 사전에 새로운 헌법이 추구하는 원칙과 가치에 대해 토론을 벌였고, 그러는 동안 7명의 직업 정치인이 700쪽에 달하는 문서를 통해서 사전 권유 사항을 작성했다. 이 때문에 반대 의견을 가진 자들이 비판을 제기할 가능성은 사전에 아예 차단된 셈이었다. 셋째, 시민포럼 주최 측은 의도적으로 이들 25명을 밀폐된 공간에 가두어두지 않았다. 몇 달 동안의 암실 토론 끝에 마치 마술사의 검은 상자에서 새하얀 토끼가 튀어나오듯 완벽한 헌법이 솟아나오도록 기획하지 않았다는 말이다. 헌법안 집필이 계속되는 동안 시민포럼은 매주 사이트에 잠정적인 헌법 조항들을 소개했다. 페이스북이나 트위터, 그 외 다른 미디어들은 이렇듯 온라인상에 새로 올라온 따끈따끈한 최신 버전을 부지런히 소개했다. 거의 4,000개에 가까운 댓글들 덕분에 이 과정은 한층 더 풍성해졌다. 투명성과 심사숙고. 이것이 이들이 내세운 구호였다. 《인터내셔널 헤럴드 트리뷴International Herald Tribune》은 크라우드소싱crowdsourcing, 곧 열린 참여가 만들어낸 최초의 헌법이라는 표현도 서슴지 않았다.

결과는 예상대로였다. 2012년 10월 20일, 아이슬란드 주민들에게 국민투표 형식으로 제시된 새 헌법안은 3분의 2의 찬성으로 가결되었다. 헌법을 최종적으로 결정하기 위해 열린 평의회 토론 과정에서 새로운 문제가 한 가지 제기되었다. 민간 소유로 되어 있는 섬의 천연자원들은 국가의 재산으로 귀속되어야 하는가? 무려 83퍼센트의 투표자가 그렇다고 대답했다.[13]

현 시점에서는 아이슬란드의 예가 숙의 민주주의의 가장 성공적인 사례라는 사실에는 의심의 여지가 없어 보인다. 그런데 이 같은 성공은 전체 과정을 완전히 투명하게 공개한 결과로 봐야 할 것인가? 아니면 제비뽑기가 아니라 선거 방식을 채택했기 때문이었을까? 이 문제에 대해서 칼로 무 썰 듯 대답하기란 쉽지 않다. 선거 덕분에 유능한 인재들이 출발 선상에 모였다는 점은 부인할 수 없다. 그리고 그 덕분에 효율성이 높아진 것—4개월 만에 이들은 새로운 헌법안 구상을 마무리 지었다—도 엄연한 사실이다. 하지만 아이슬란드의 사례에서는 솔직히 정당성과 관련하여 이전에 비해 발전이 있었다고는 보기 어렵다. 25명으로 구성된 제헌의회가 과연 다양성을 보장하는지 의구심을 가질 수밖에 없다. 제헌의회 구성원 25명 가운데 7명은 대학, 박물관, 노동조합 등의 최고 경영자이며, 5명은 대학 교수 또는 강사, 4명은 미디어 종사자, 다른 4명은 예술가, 2명은 법률가, 1명은 목사임을 고려한다면 그 같은 의문이 드는 것이 오히려 당연하지 않은가? 유명가수 뷔요크의 아버지이자 제1선에서 활약하는 노동 운동가도 이 25명에 포함되었다. 25명 중 농부는 오직 1명이었다.[14] 방법론적인 관점에서 보자면, 패널의 구성은 아마도 아이슬란드가 야심차게 실시한 시민 참여 토론 대장정에서 가장 취약한 부분이라고 지적할 수 있다. 한편, 모든 과정을 철저할 정도로 투명하게 운영한 점이 패널 구성의 약점에도 불구하고 헌법 제정이라는 대모험에 대대적인 공감을 자아낼 수 있었던 결정적 요인이라 추정할 수 있다. 그러나 여전히 한 가지 의문이 남는다. 제비뽑기를 통해 선발된 시민들로만 이루어진 팀에게 좀 더 많은 시간과 좀 더 많은 개방성이 주어질 경우, 이 팀 또한 국민투표에서 이만큼의 좋은 성과를 얻는 헌법안을 제시할 수 있었을까?

이 문제는 아이슬란드의 대모험이 막을 내린 지 얼마 지나지 않아 아일랜드에서 제기되었다. 2013년 1월에 시작된 헌법에 관한 컨벤션은 그들에 앞서 다른 나라에서 진행된 민주주의 경험(첫 번째 국면으로 소개한 사례들)이 준 교훈을 상기했다. 이들은 다음과 같은 결론을 내렸다. 정치가들과 더욱 밀접하게 결속해야 할 필요가 있다(아이슬란드처럼). 하지만 제비뽑기를 통한 시민 선발 방식은 유지되어야 한다(아이슬란드와는 달리). 이와 아울러 아일랜드 사람들은 아예 처음부터 정치가들과 공동 작업을 펼치는 편이 성공 가능성을 높인다고 판단했다. 그러므로 이들은 아이슬란드 사람들보다 훨씬 더 앞선 단계에서 정치가들을 합류시켰다. 구체적으로는 몇몇 소수 선량들에게만 사전 권유 사항을 집필하도록 하는 방식이 아니라 컨벤션 개시 단계부터 폐회까지 정치가들이 내내 함께한다는 의지를 표명한 것이다. 따라서 아일랜드공화국과 북아일랜드 출신 시민 66명과 33명의 직업 정치가들(여기엔 아일랜드 신 페인Sinn Féin당의 지도자로 널리 알려진 게리 애덤스Gerry Adams도 포함되었다)이 1년 동안 머리를 맞대고 토론과 숙고 과정을 이어나갔다. 시민 참여 절차에서 잘 알려진 정당들을 대표하는 인사들이 빼어난 언변과 사안에 대한 막강한 지식으로 무장한 채 발언한다는 것이 이상하게 보일 수도 있다. 그렇지만 이러한 전략적 선택은 결정된 내용을 신속하게 실행에 옮길 수 있으며 시민 참여에 대한 정치가들의 우려를 잠재울 수 있을 뿐 아니라 결과적으로 정당들의 비아냥거림을 차단하는 효과를 가져온다. 숙의 과정이 진행되는 동안 매우 희한한 현상이 나타났는데, 다름 아니라 시민들에 대한 정치가들의 경계심이 사라졌다는 점이었다. 마찬가지로 정치가들에 대한 시민들의 불신도 현저하게 줄어들었다. 이렇듯 시민 참여는 상호 신뢰를 강화하는 효과를 낳는다. 그런데 그럴 경우 정치가들이 주도권을 잡을 위험성이 커지지 않을까? 이 문제에 대해서는 아일랜드식 모델의 분석을 기다려봐야 답이 나오겠지만 모든 절차가 제대로 기획되었다면 내부적인 '견제와 균형' 기제가 작동하여 소수 집단인 정치가들이 주도권을 잡도록 내버려두지 않을 것이다. 더불어 시민의회 자체가 이분 오열하여 여러 개의 소규모 집단으로 분열되어 결정이 파편화되는 현상도 미리 방지할 수 있다.

더구나 아일랜드에서는 단호하게 제비뽑기 원칙을 밀어붙였다. 이들이 구상한 헌법에 관한 컨벤션은 앞서 실시된 제비뽑기의 성공적인 경험 사례, 즉 더블린대학교의 '우리 시민들We the Citizens'에서 영감을 얻었다. 한 독립 연구소에서 나이와 성별, 출신(아일랜드공화국 또는 북아일랜드)을 고려하여 무작위로 66명의 시민을 선발했다. 이들이 지닌 다양성은 동성결혼이나 여성의 권리, 현행 헌법에 명시되어 있는 신성모독 금지 같은 민감한 사안들에 대해 토론을 전개할 때 긍정적인 요인으로 작용했다. 시민 참여자들은 그들끼리만 독자적으로 행동하지 않았다. 아일랜드에서도 전문가들의 견해를 청해서 들었으며 다른 시민들도 초청하여(동성결혼 문제에 대해서는 1,000명이 넘는 사람들이 참여했다) 함께 토론을 벌이기도 했다. 하지만 이 단계에서 컨벤션의 결정은 아직 법으로서의 효력은 지니지 못했다. 이들의 권유 사항은 아일랜드 의회의 양원을 통과한 후 정부의 검토를 거쳐 국민투표라는 관문을 통과해야 한다. 한마디로 말하자면 아직 넘어야 할 산이 많다는 말이다. 시민포럼의 두 번째 국면에 해당하는 아일랜드의 모험에서도 제비뽑기가 야기할지도 모르는 동요에 대한 두려움은 여전히 존재하기 때문이다.

제비뽑기로 구성된 의회는 어떻게 운영될까?

내가 캐나다와 네덜란드, 아이슬란드, 아일랜드의 사례에 주목한 까닭은 그것들이 민주주의 혁신과 관련된 흥미진진한 경험이었다고 판단하기 때문이다. 이들의 모험은 상당히 큰 규모로 진행되었으며 매우 근본적인 주제를 다루었음에도 주요 외국 미디어들은 이 사건을 거의 보도하지 않았다. 그러므로 이 경험을 통해서 축적된 지식과 지혜는 범세계적 차원에서 공유되지 못했다. 하지만 거북이걸음 소통에도 불구하고 언제나 남보다 앞서서 생각하는 무리가 있게 마련이다. 민주주의는 각기 다른 리듬으로 진화한다. 정치가들이 주저하고 망설이는 동안, 미디어들이 경계심을 풀지 않고 미심쩍은 시선을 보내는 동안, 시민들이 아무것도 모르는 무지 상태에 머물러 있는 동안에도 학계와 현장 활동가들은 이미 새로운 지평을 향해 달려가고 있다. 이들은 얼마 전 벨기에의 철학자 필리퍼 판 파레이스Philippe Van Parijs의 표현대로 '남보다 일찍 옳은 생각하기'를 자신들의 임무로 삼는다.[15] 19세기 중엽, 존 스튜어트 밀이 여자들도 투표권을 가져야 한다고 주장했을 때 동시대인들은 모두 그의 주장을 미친 짓이라고 조롱하지 않았던가.

비웃음과 동정이 뒤섞인 절레절레 고갯짓만 돌아올 것을 뻔히 알면서도 많은 저자들이 지난 10년 동안 각종 제도와 헌법을 통해서 제비뽑기를 통한 민주주의 뿌리내리기를 옹호했다. 이들은 제비뽑기를 지극히 명확한 몇몇 사안에만 국한시켜서는 안 되며 그것이 구조적으로 통치체제의 일부로 자리 잡아야 한다고 주장했다. 그렇다면 어떤 방식으로 그렇게 되어야 하는가? 바로 이것이 토론의 핵심이었다. 대부분 사상가들은 입법기구 가운데 하나가 제비뽑기를 통해서 구성되어야 한다고 입을 모았다. 그 후 스무 가지가 넘는 시나리오가 가다듬어지고 있다.[16] 이 문제를 천착하는 저자들은 너 나 없이 임의적 방식으로 구성된 의회는 효율성과 정당성 모두를 강화시킬 수 있다고 평가했다. 제비뽑기는 정치적 기회 균등이라는 이상향을 실현한다는 점에서 민주주의의 정당성을 강화할 수 있다. 또한, 이 새로운 대표 방식은 선거게임이나 미디어를 둘러싼 신경전 또는 법안 통과를 위한 협상 등에서 보이는 정당 간의 힘겨루기 양상 때문에 손발이 묶이는 비효율을 제거한다는 면에서 효율성을 진작시키는 데도 긍정적이다. 제비뽑기 의회는 공동의 이익에만 관심을 갖기 때문이다. 나는 이제부터 다섯 가지 주요 제안을 살펴보겠다(〈표 5〉).[17]

1985년, 미국 출신 어니스트 칼렌바크Ernest Callenbach와 마이클 필립스Michael Phillips는 미국의 하원을 대표원으로 바꾸자고 제안했다. 하원을 구성하는 435명의 의원을 선거가 아닌 제비뽑기로 선발하자는 것이었다. 이 두 사람은 어느 모로 보나 허무맹랑한 이야기를 꾸며낼 엉터리는 아니었다. 칼렌바크는 100만 부가 넘게 팔린 『에코토피아 Ecotopia』의 저자로 유명세를 얻은 작가였다. 당시로서는 매우 획기적이고 대담했던 그의 생각들이 요즘 와서는 많은 사람들이 자연스럽게 공유하는 아이디어가 되었다. 마이클 필립스는 『돈의 일곱 가지

법칙The Seven Laws of Money』, 『정직한 비즈니스Honest Business』 같은 책을 쓴 노련한 은행가였다. 그는 1960년대에 마스터카드를 탄생시킨 '핵심두뇌' 이기도 했다.

두 사람이 보기에 선거에 100퍼센트 의존하는 현행 제도는 충분한 대표성을 갖지 못할 뿐 아니라 지나치게 부패에 취약하다는 약점을 안고 있었다. 돈의 위력이 너무도 지배적이라는 말이다. 제비뽑기라면 이러한 약점을 바로잡을 수 있다. 현존하는 시민 배심원 명부(미국에서는 이 명부가 선거인 명부보다 더 포괄적이다)에서 제비뽑기를 통해 시민들을 선발하고 이들이 3년 동안 하원 의원의 임무를 맡도록 하자는 것이 이들 제안의 골자다. 보수는 상당히 매력적이어야 한다. 그래야만 가난한 자들이 참여하려는 의욕을 보일 것이며, 부자들 또한 본래 하던 생업을 잠시 중단할 마음이 들 것이고, 일 때문에 지친 자들 역시 일시적으로 밥벌이에서 해방되고 싶다는 마음을 먹게 될 것이기 때문이다. 지속성을 보장하기 위해서 의원으로 선발된 자들은 모두가 한날한시에 임기를 마치는 것이 아니라 가령 세 집단으로 나누어 해마다 한 그룹씩 물러나도록 한다. 칼렌바크와 필립스에 따르면 이들의 역할은 현행 하원의 역할에서 벗어나지 않는다. 즉 상원에 법안을 제출하고, 상원이 제안하는 법안을 검토하는 것이 이들이 할 일이다.

칼렌바크와 필립스가 선거를 완전히 폐지하자고 하지 않았다는 점에 주목하자. 두 사람은 선거를 통해 뽑힌 시민들이 차지하는 상원

<표 5> 제비뽑기를 통한 입법의회 구성 제안

	미국	영국
명칭	대표원	동료원
역할	하원 대체	상원 대체
인원	435명	600명
구성	현행 시민 배심원 명부에서 무기명으로 추첨	① 선거인 명부에서 추첨 ② 자가 선발 ③ 성별 지역별 할당량을 고려하여 추첨한 후 정당 소속 정치인들 더하기
임기	3년(부분적으로 연임 가능)	1~4년
보상	매우 합리적인 수준	적어도 현재 의원 급여 수준 보장 + 고용주들의 합당한 보상
권한	- 법안 제출 - 상원의 제안 검토	하원의 제안 검토로 제한 (이들 제안의 명료성, 효율성, 합헌성 여부 검토)
제안자	칼렌바크와 필립스 1985	바넷과 카티 1988
참조	번하임 1985, 레이브 2005, 오리어리 2006	바넷과 카티 2008, 자카라스 2010

영국	프랑스	유럽연합
하원	제3원	추첨원
현행 하원 대체	현행 상원과 하원에 추가	현행 유럽의회에 추가
		200명
나이, 지식, 교육 정도와 관련한 조건을 충족하는 자들을 대상으로 추첨	지원자들을 대상으로 추첨	유럽연합 시민들을 대상으로 국가별 인구수에 비례하여 추첨, 의무적 참여
1~10년		2.5년(연임 불가)
매우 합리적인 수준	적어도 현재 상원 또는 하원 의원의 급여 수준 +교육과 행정 업무 비용	금전적 보상과 조직면에서 매우 매력적인 조건 제시
법인 검토로 제한	환경, 복지, 선거제도, 헌법 등 장기적인 호흡을 요하는 분야 담당	- 주도적 실행 - 자문 - 거부권
서덜랜드 2008	생토메르 2011	북스타인 2009
서덜랜드 2011		북스타인과 하인 2010

에 맞서서 오로지 제비뽑기로 선발된 시민들만이 자리한 의원을 두는 것이 매우 양식 있는 처사라고 보았다. 다시 말해서 선거 절차와 제비뽑기 절차, 각기 다른 이 두 방식을 공평하게 사용해야 제대로 된 대표성이 확립된다고 믿었다. "우리는 직접적인 대표성이라는 개념이 전혀 몰지각하지 않다고 확신한다. 이 같은 대표성이 각지에서 충분히 이해되고 수용되기만 한다면, 이는 예전에 투표권 확대가 그랬던 것처럼, 정의롭고 정당한 것으로 받아들여질 것이다."[18]

　　최근 몇 년 사이에 여러 저자들이 자신들의 제안을 갈고 다듬었다. 영국과 관련해서도 새로운 안이 제시되었다. 앤서니 바넷Anthony Barnett과 피터 카티Peter Carty는 서양에서 유일하게도 여전히 세습권이라는 명분을 내세워 의원 자리에 오르는 자들이 남아 있는 영국 상원이 민주화되어야 한다는 내용을 제시했다. 오픈데모크라시넷 http://www.openDe-mocracy.net이라는 인터넷 사이트의 창시자인 바넷은 일간지인 《가디언The Guardian》에도 정기적으로 기고하는 인물이다. 카티 또한 다양한 수준급 영국 언론 매체(특히 《가디언》과 《인디펜던트The Independent》, 《인디펜던트 온 선데이The Independent on Sunday》, 《파이낸셜 타임스Financial Times》)에 활발하게 기고하는 언론인이다. 이 두 사람은 앞서 언급한 미국인들과는 달리 하원이 아니라 상원을 제비뽑기로 구성하는 것이 좋겠다는 소망을 피력했다. 이들은 또한 제비뽑기로 선발된 자들은 법안을 제출해서는 안 된다고 주장함으로써 미국인들과 입장차이를 보였다. 제비뽑기로 구성된 상원, 두 사람이 '귀족원Chambre des lords' 이라는 이름 대신 '동료원Chambre des pairs' 이라는 이름으로 부를 것을 제안한 이 기관은 하원의 입법 활동 감시, 즉 하원이 제안하는 법률안의 명료성과 효율성, 합헌성을 검토하는 활동만 하도록 하자는 것이었다.[19] 당연히 이 두 사람은 자신들의 제안이 대단히 급진적임을 의식하고 있었다. 하지만 민주주의는 이보다 더 멀리 나아가야 한다. "우리는 때로 위대한 모든 사상은 3단계로 이루어져 있다고 말한다. 처음에는 아무도 그것을 알아차리지 못하고, 그다음에는 그것을 비웃는다. 그러고는 마침내 그것을 대중적인 지혜라고 인정하는 것이다."[20]

엑스터대학교 소속 학자로 보수적인 입장을 천명해온 키이스 서덜랜드Keith Sutherland는 이 두 사람의 생각과 정확하게 반대되는 제안을 했다. 상원은 그대로 상원으로 남아 있고, 미국 관련 제안에서처럼 하원이 제비뽑기로 선발된 자들의 모임으로 바뀌어야 한다는 것이었다. 서덜랜드 역시 후한 보상의 중요성을 내세웠으며 앞서 소개한 두 사람의 영국인들과 마찬가지로 제비뽑기로 선발된 의원들에게는 법안 제출 권리를 부여하지 말아야 한다고 주장했다. 반면 서덜랜드는 나이와 교육 정도, 개인적 역량 등에 관해서는 처음부터 최소한의 조건이 명시되는 편이 좋을 것이라 보았다. 명실상부한 보수주의자의 입장을 견지한 그는 더 나아가서 제비뽑기는 반드시 40세 이상인 사람들만 대상으로 할 것을 권유했다. 이보다 젊은 세대들이 요구하는 사항들에 관해서라면 각종 미디어와 정당, 마케팅 부서 등지에서 이미 충분히 고려하고 있다는 것이 그의 주장이다. 그렇더라도 그가 던지는 근본적인 메시지는 명료하다. "제비뽑기는 민주주의를 표방하는 모든 정치체제에서 필수불가결한 구성요소다."[21]

프랑스의 경우를 보자. 정치학자 이브 생토메르Yves Sintomer는 하원이나 상원을 제비뽑기를 통해 대체하자고 주장하는 대신, 새로운 원을 하나 더 추가하자는 안을 제시한다. 이 "제3원"을 지원자들 가운데 제비뽑기를 통해 선발된 사람들로 구성하자는 것이었다. 그도 역시 충분한 보수와 정보의 원활한 전달이 중요하다고 역설했다. 제비뽑기를 통해 선발된 의원들은 현재 선거에서 당선된 국회의원들과 마찬가지로 보좌관들의 도움을 받을 수 있어야 한다고도 주장했다. 그는 누구에게 어떤 권한이 주어져야 하는지는 명시하지 않았으나, 제3원은 장기적인 계획을 필요로 하는 분야(환경, 사회복지, 선거법, 헌법 등)를 담당하는 체제를 암시했다. 아닌 게 아니라 현재 통용되는 정치 모델은 그 분야를 다루는 데 있어 가장 취약한 양상을 보이는 것이 사실이다.[22]

독일의 대학 교수인 후베르투스 북스타인Hubertus Buchstein도 제3원을 창설하자는 안을 내놓았으나 그가 말하는 제3원은 특정 국가가 아닌 초국가적인 층위에서 활동하는 원이라는 점에서 이브 생토메르의 견해와는 차이를 보인다. 그는 유럽연합에 두 번째 유럽의회가 필요하며, 이 의회는 제비뽑기로 선발된 유럽시민들로 구성되어야 한다고 주장했다. 그는 이 의회를 추첨원House of Lots이라고 이름 붙였다. 유럽연합의 전체 성인 주민들 가운데에서 회원국의 인구 비율에 맞춰 제비뽑기로 200명을 선발하고, 이들이 2년 반 동안 활동한다는 내용이다. 선발된 사람들은 부득이한 사유가 아니면 의무적으로 참여해야 한다. 북스타인 역시 금전적 보상이나 운영 조건 등은 참가자가 이 의무를 벗어던지고 싶은 마음이 들지 않을 정도로 만족스러워야 한다고 주장했다. 하지만 그는 영국인들과는 달리 유럽연합의 두 번째 의회에 각종 권유 사항 제안과 거부권 행사와 더불어 법률안을 제출할 권리도 부여해야 한다고 구상했다. 매우 급진적인 제안임에 틀림없으나, 북스타인은 숙의 민주주의를 통한 결정이 이루어지려면 어느 정도 강력한 압력이 있어야만 유럽의 민주주의 결핍 상황이 타개될 것이라고 보았다.[23] 이러한 압력을 통해서만 유럽연합은 효율적이고 투명한 결정 체제를 갖추게 될 것이다.

이처럼 각기 다른 몇 가지 제안을 비교한 결과 우리는 무엇을 알 수 있는가? 첫째, 이들 제안은 모두 예외 없이 상당히 큰 규모를 고려의 대상으로 삼는다. 프랑스, 영국, 미국 또는 유럽연합을 대상으로 하고 있으니 말이다. 제비뽑기가 오직 도시국가나 초미니 국가에만 한정되던 시대는 지나갔다. 둘째, 무시할 수 없는 관점의 차이에도 불구하고 임기(적어도 몇 년 이상이어야 한다), 보수 문제(후한 보상이 바람직하다) 등에 대해서는 뚜렷한 합의가 존재한다. 셋째, 참가 시민들의 역량이 균일하지 못한 점은 현행 의회에서도 이미 실행되고 있듯이 참가자들을 대상으로 하는 교육, 전문가들의 지원 등을 통해서 보완되어야 한다는 점에서도 의견을 같이한다. 넷째, 제비뽑기로 선발된 사람들로 이루어진 기구는 선거를 통해 결정된 기구와 별도로 간주해서는 안 되며 상호 보완적인 것으로 이해해야 한다. 그리고 마지막으로, 어느 경우에서건 양원 모두가 아닌 상원 또는 하원, 혹은 제3원 식으로 하나의 원만을 제비뽑기로 구성하자는 입장을 보인다.

새로운 정치의 밑그림을 그리다

2013년 봄, 전문지 《공공토론 저널Journal of Public Deliberation》에는 미국 정치학자이자 그 이전에 20년 동안 버몬트 주 의원으로 활동했던 테릴 버리셔스Terrill Bouricius가 쓴 대단히 매혹적인 논문 한 편이 소개되었다. 이 논문에서 저자는 이전에 나왔던 제안들 가운데 일부라도 실현된 것이 있는지, 있다면 어느 정도 실현되었는지 궁금해 한다. 우리는 과연 양원 가운데 하나를 구성하는 방식을 선거에서 제비뽑기로 대체함으로써 공공정책 지원 면에서건 실행 역량 면에서건 민주주의에 새로운 활력을 불어넣을 수 있는가? 그가 품은 의문은 탁월하게 시의적절했다. 이상적으로만 생각한다면 사실 우리는 제비뽑기를 통해 구성된 유럽의회가 유럽연합 전체를 대표할 수 있기를 바란다. 하지만 실제로 리투아니아의 작은 마을에 사는 빵집 주인들 가운데 과연 몇 명이 스트라스부르에 자리 잡은 유럽의회에 참석하기 위해 몇 년 동안이나 빵집 문을 닫으려고 하겠는가? 몰타공화국의 젊은 엔지니어들 가운데 과연 몇 명이 제비뽑기로 유럽의회에 참가하게 되었다는 이유로 전도양양한 건축 프로젝트를 3년 동안이나 마다하겠는가? 몇 명이나 되는 영국 미들랜드 출신 실업자들이 여러 해 동안 생판 모르는 사람들과 법안을 만들기 위해 정든 고향 마을 펍pub과 친구들을 떠나려 하겠는가? 만에 하나 이들이 그것을 수락한다 한들 과연 그 일을 제대로 해낼 수 있겠는가? 제비뽑기로 구성된 의회는 아마 조금 더 정당할 수는 있을 것이다. 하지만 그렇다 해서 과연 조금 더 효율적일 수도 있을까? 혹여 제비뽑기로 선발된 자들 가운데 대다수가 시민의회에 참가하지 않으려는 꿍꿍이속으로 무슨 구실이든 만들어내기라도 한다면 이들의 대표성은 결국 수준 높은 자질을 갖춘 사람들의 일로 변질되지 않을까? 제비뽑기를 통해서 의회를 구성함으로써 민주주의를 강화하자는 건 아주 훌륭한 아이디어 같아 보이지만 현실에서는 수많은 장애를 만난다. 모두에게 발언권을 주려다보니 결국 또 다른 엘리트주의를 낳을 우려가 있는 것이다. 어떻게 해야 이상과 현실을 조화시킬 수 있을까? 버리셔스는 이 문제를 놓고 심각한 고민에 빠졌다.

버리셔스는 아테네 민주주의로 거슬러 올라가 당시 민주주의가 어떻게 운영되었는지를 연구하면서 이를 오늘날에 맞게 적용할 방법을 모색했다. 아테네 민주주의는 제비뽑기를 특정한 하나의 기관을 구성하는 데에만 적용하지 않고 사회 전 분야에 걸쳐 적용했다는 특성을 지닌다. 그래야만 제동과 견제 체제가 완성될 수 있기 때문이었다. 말하자면 제비뽑기를 통해 선발된 한 기관이 역시 제비뽑기를 통해 선발된 다른 기관을 감시하는 식이었던 것이다.

500인 평의회는 민회를 위해 의제를 결정하고 법률안을 준비했지만 그 법률안 표결에는 참여할 수 없었다. 민회에서 채택된 법은 민중법원에 의해 폐기될 수 있었으며, 민중법원은 법안 표결에는 참가할 수 없었다.

그러므로 결정 절차는 각기 다른 여러 기관들에 공평하게 분배되어 있었다(〈표 2b〉 참조)고 할 수 있다. 이 같은 체제는 일견 복잡해 보이지만 상당히 많은 장점을 지니고 있었다.

아테네에서 제비뽑기를 통해 선발된 자들로 구성된 각기 다른 기관들과 자원한 참가자들로 구성된 민회 사이의 권력분립은 세 가지 중요한 목표를 충족시키는데, 이는 선거를 통해 구성된 우리의 현대 입법기관에서는 찾아볼 수 없는 덕목들이다. ① 입법기관이 시민사회를 상대적으로 잘 대표한다. ② 입법기관이 부패나 정치권력의 지나친 집중 현상에서 상당히 보호받는다. ③ 결정에 참여하고 공헌할 수 있는 가능성이 해당 주민들 사이에 훨씬 폭넓게 확산되어 있다.[24]

아테네에서는 제비뽑기를 통해 선발된 여러 개의 기관들(버리셔스의 용어로는 '다수 기관 제비뽑기multi-body sortition'라고 한다)이 함께 일함으로써 정당성과 효율성을 모두 극대화시킬 수 있었다.
이러한 체제가 오늘날에는 어떤 식으로 기능할 수 있을 것인가? 나는 〈표 6〉에서 버리셔스의 모델을 도식화해서 소개했다. 이 과정에서 나는 그가 쓴 논문에서 영감을 얻었다. 그리고 이것을 그가 이전에 쓴 다른 한 편의 논문, 그리고 내가 그와 그의 동료 데이빗 쉑터David Schecter와 주고받은 이메일 내용 등을 통해 보완했다.

현실적으로 6개의 각기 다른 기관이 필요하다고 버리셔스는 제안한다. 어째서 그만큼이 필요한가? 이유인즉 서로 상충하는 이해관계를 화해시키려고 노력해야 하기 때문이다. 민주주의 혁신 문제 전문가로서 그는 어느 대목에 커다란 문제들이 복병처럼 도사리고 있는지 잘 안다. 우리는 제비뽑기를 통해 대표성 있는 대규모 표본을 얻기를 바라지만 현실적으로는 소규모 표본일 때 모든 것이 훨씬 원활하게 작동한다는 사실을 모르지 않는다. 우리는 또한 참가자들의 교체가 이루어지기를 원하지만 실제로 일다운 일을 할 수 있으려면 더욱 긴 임기가 보장되는 것이 좋다는 사실도 알고 있다. 우리는 원하는 사람 모두에게 참가할 기회를 제공하고 싶지만 그럴 경우 구성원 중에 교육 수준이 높고 자기 의사 표현이 뛰어난 사람들의 비율이 지나치게 높아질 우려가 있음을 알고 있다. 우리는 모든 시민들이 함께 토론하기를 원하지만 그럴 경우 집단사고의 위험, 다시 말해서 너무 빨리 합의에 도달하려는 의욕과잉의 덫에 걸릴 수도 있음을 알고 있다. 우리는 제비뽑기를 통해 선발된 기관에 최대한 많은 권력을 허용하고 싶지만 그렇게 할 경우 일부 개인들이 집단 토론 과정에서 지나치게 커다란 영향력을 행사할 수도 있음을, 그로 인하여 자의적인 결과에 도달할 가능성도 배제할 수 없음을 알고 있다.

현재와는 다른 형태의 토론 방식에 대해 조금이라도 궁리해본

<표 6> 제비뽑기를 통해 구성할 수 있는 여러 기관:
제비뽑기에 토대를 둔 민주주의 밑그림(모든 숫자는 가상치)

의제 결정 기관   의제의 우선순위를 정하고, 법제정이 필요한 주제를 선택한다.

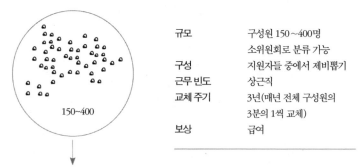

규모	구성원 150~400명
	소위원회로 분류 가능
구성	지원자들 중에서 제비뽑기
근무 빈도	상근직
교체 주기	3년(매년 전체 구성원의
	3분의 1씩 교체)
보상	급여

이익집단 대표 기관   주어진 주제에 대해 관련법 제정을 제안한다.

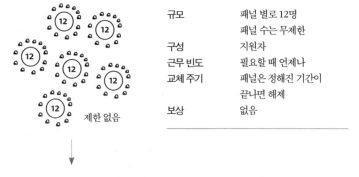

규모	패널 별로 12명
	패널 수는 무제한
구성	지원자
근무 빈도	필요할 때 언제나
교체 주기	패널은 정해진 기간이
	끝나면 해제
보상	없음

검토기관   이익집단 패널들과 전문가들이 제출한 사항들을 토대로 법안을 제시한다.

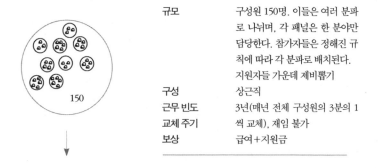

규모	구성원 150명. 이들은 여러 분과로 나뉘며, 각 패널은 한 분야만 담당한다. 참가자들은 정해진 규칙에 따라 각 분과로 배치된다. 지원자들 가운데 제비뽑기
구성	상근직
근무 빈도	3년(매년 전체 구성원의 3분의 1
교체 주기	씩 교체), 재임 불가
보상	급여+지원금

정책 심사 기관 법안에 대해 찬반 투표를 하여 법을 결정한다.
투표는 표결에 붙여질 법률안을 공개한 후 비밀투표로 진행한다.

규모	구성원 400명, 총회 때만 소집
구성	모든 성인 시민들 중에서
	제비뽑기로 선발, 참여는 의무적
근무 빈도	법률안이 표결에 붙여질 때마다
기간	며칠에 한 번
보상	참석한 날 수에 따른 보수와
	이동에 따른 비용 지불

규정 심의 기관 입법 활동과 관련한 절차와 규정을 결정한다.

규모	구성원 50명가량
구성	지원자 중에서 제비뽑기로 선발
	(잠정적으로 이전 참가자들이
	될 수도 있음)
근무 빈도	상근직(초반부에는 특허)
교체 주기	3년(해마다 3분의 1씩 교체),
	연임 불가
보상	급여

감독기관 입법 절차의 원활한 진행을 관리하며 요구 사항을 처리한다.

규모	구성원 약 20명
구성	지원자 중에서 제비뽑기
근무 빈도	상근직
교체 주기	3년(해마다 3분의 1씩 교체),
	연임 불가
보상	급여

경험이 있는 사람들이라면 누구나 다섯 가지 딜레마에 봉착하게 된다. 이상적인 참가자 규모, 이상적인 기간, 이상적인 참가자 선발 방식, 이상적인 토론 방식, 그리고 마지막으로 이상적인 집단 역학, 이렇게 다섯 가지가 늘 문제다. 그런데 버리셔스는 이상적인 것이란 없다고 잘라 말한다. 이상향의 추구를 단념해야 한다는 말이다. 이상적인 하나의 기관보다 여러 개의 기관으로 이루어진 모델을 구상하는 편이 낫다는 것이다. 그렇게 되면 다양한 선택지가 제공하는 장점들은 서로 강화되고, 껄끄러운 단점들은 약화될 수 있다.

모든 권력을 제비뽑기로 선발된 단 하나의 기관에 몰아주기보다는 입법 활동을 여러 단계로 쪼개서 권력을 골고루 분산시키는 편이 낫다.

먼저 첫 번째 단계에서는 무엇이 우선인지를 결정해야 한다. 버리셔스는 그 결정이 아젠다 카운슬agenda council, 즉 의제 결정 기관에서 이루어질 것을 제안한다. 아젠다 카운슬은 지원한 사람들 가운데에서 제비뽑기로 구성원을 선발(그러니까 고대 아테네의 민중법원과 어느 정도 유사하다)하는 매우 큰 기관이다. 아젠다 카운슬은 논의해야 할 주제를 제시하지만, 직접 논의를 발전시키는 일은 하지 않는다. 이 기관에는 그럴 권한이 없기 때문이다. 아젠다 카운슬 소속은 아니나 이 기관이 특정 주제 쪽에 관심을 가져주기를 원하는 시민들은 탄원권을 발휘하여 이를 성사시킬 수 있다. 다시 말해서 시민들이 충분한 서명을 받아내면 아젠다 카운슬에서 그 문제를 취급하게 된다.

두 번째 단계에서는 모든 종류의 이익집단들이 전면에 등장한다. 이익집단 패널의 수는 손가락으로 꼽을 정도에 불과할 수도 있고 100여 개가 넘을 수도 있다. 이익집단 패널은 각각 12명 정도의 구성원으로 이루어진 소규모 집단으로, 패널의 구성원은 각자 법안(또는 법안의 일부)을 제안할 수 있다. 이익집단 패널들은 제비뽑기나 선거를 통해 선발되지 않으며 주어진 주제에 대해 자발적으로 자신들이 서비스를 제공하겠다고 나선 사람들로 이루어진다. 하나의 패널은 서로 알지 못하며 반드시 공동의 이익을 추구한다고 할 수도 없는 12명가량의 시민들로 구성되는데, 경우에 따라서는 로비 집단이 될 수도 있다. 그런 건 아무려나 상관없다. 이들에게 최후의 결정권이 있는 것도 아니고, 자신들이 제안한 법안이 다른 기관의 심의를 받는다는 사실을 고려하도록 구조화되어 있기 때문이다. 이익집단 패널이라는 과정을 둠으로써 노련한 전문가들의 역량을 이용하여 공공정책과 관련한 구체적인 법안을 작성할 수 있는 기회를 얻을 수 있다. 이는 효율성의 증대로 연결된다. 도로 안전이 의제에 올라 있다고 가정할 경우, 이와 관련한 입법 활동에는 지역 기반 단체들, 사이클 연합, 버스 운전기사들, 교통 분야 관련 인사들, 교통사고 피해자 학부모들, 자동차연맹 등이 개입하게 될 것이다.

세 번째 단계에서는 이렇게 해서 취합된 모든 제안이 검토기관으로 넘어간다. 공공정책의 각 분야마다 그에 상응하는 검토기관이 있어야 한다. 예를 들어 도로 안전 관련 제안들은 이동성을 담당하는 검토기관이 심의한다. 이 패널들은 이를테면 현행 의회의 각종 분과위원회에 비교할 수 있다. 이들에게는 법률을 제안하거나 법률안을 표결에 붙일 권한이 없다. 이들은 중간 역할만 할 뿐이다(고대 아테네의 500인 평의회처럼). 이익집단 패널들에게 넘겨받은 정보들을 가지고 이들은 공청회를 개최하고 전문가들을 초청하며 법률안을 가다듬는 절차에 들어간다. 버리셔스의 제안에 따르면, 검토기관은 구성원이 모두 합해 150명을 넘지 않으며, 이들은 자발적으로 지원한 자들 가운데에서 제비뽑기를 통해 선발된다. 이 기관은 매우 중요한 기능을 수행하며 따라서 책임감도 막중해야 한다. 구성원들은 3년 동안 상근직으로 일하며 그에 대한 대가로 현행 국회의원의 처우에 버금갈 만큼 합당한 보수를 받는다. 구성원은 임기가 끝나는 시점에 집단적으로 물갈이 되는 것이 아니라 부분적으로, 그러니까 해마다 50명씩 교체된다.

모든 권력이 검토기관에 집중되는 현상을 방지하기 위해 네 번째 단계에 해당하는 매우 중요한 기관의 필요성이 대두된다. 마련된 법안들은 네 번째 기관인 정책 심사 기관으로 보내지는데 이 기관이야말로 버리셔스 구상안에서 가장 주목할 만한 기관이다. 이 심사기관에는 사실상 상근직 구성원이라고는 한 명도 없다. 하나의 법안이 표결에 붙여질 때마다 제비뽑기로 시민 400명을 선발해서 하루 동안 소집한다. 예외적인 경우에는 소집 기간이 여러 날로 연장될 수도 있으나, 그래도 최장 일주일을 넘기지 않는다. 그리고 중요한 점은 제비뽑기가 모든 성인 시민들을 대상으로(자발적으로 지원한 사람들만을 놓고 추첨을 진행하는 것이 아니라는 점에서 하나의 소송이 있을 때마다 구성되는 배심원 제도를 상기시킨다) 실시된다는 점이다. 제비뽑기에서 선발된 사람은 납득할 만한 정당한 이유가 없는 한 의무적으로 출석해야 한다. 이는 대표성 확립을 위해 매우 중요한 점이다. 이 때문에 정책 심사 기관에 참가하는 자들에게는 출석에 대해 후한 보상이 주어져야 한다. 정책 심사 기관은 검토기관이 제출한 여러 개의 법률안 제안 설명을 듣고 이에 대해 객관적인 우호 논리, 적대 논리들을 모두 경청한 후 비밀투표에 들어간다. 법안 자체에 대해서 더 이상의 논의는 없으며 투표와 관련하여 각 정당들이 내리는 지침도 없다. 집단적 압력이나 전략적 투표, 정치 협상, 친분 있는 자들끼리 주고받는 품앗이성 투표도 없다. 각 참가자는 자신의 판단과 양심에 따라 투표한다. 버리셔스에 따르면 이것이 장기적으로 공동의 이익에 가장 유리하다. 카리스마 넘치는 달변가들에 의해 투표가 좌지우지되는 사태를 방지하기 위해 법률안 제안 설명은 중립적인 공동 집필자들이 맡는다. 사회 전체를 대표하는 좋은 표본 집단이 의사를 표현하는 만큼 정책 심의 기관의 결정은 법적 구속력을 갖는다.

이 모든 절차가 원활하게 진행될 수 있도록 테릴 버리셔스는 여기에 규정 심의 기관과 감독기관이라는 2개의 기관을 첨가한다. 이 두 기관 모두 제비뽑기를 통해 구성되는 기관이다. 규정기관은 제비뽑기, 공청회, 투표 등과 관련한 절차를 담당하며, 감독기관은 공무원들이 이러한 절차들을 적법하게 운영하는지를 감독하며, 있을 수도 있는 민원 요청을 살핀다. 그러므로 이 두 기관은 정치에서 통용되는 규칙을 만들고 이를 방어한다는 점에서 정치 위에 자리하는 메타 기관이라고 할 수 있다. 규정기관은 제비뽑기를 통해 구성되는 기관들에 이미 참가해본 경험이 있는 사람들 중에서 제비뽑기를 통해 선발한다. 그러니까 이들은 절차에 관해서라면 세세한 부분까지 속속들이 잘 아는 사람들인 것이다.

이 모델이 지니는 특별한 매력은 바로 끊임없이 진화한다는 점이다. 모든 것이 사전에 미리 결정되어 있지 않다. "이 모든 장치가 결국 하나의 프로젝트의 출발점일 뿐이라는 점이 이 모델이 지니는 결정적 특징이다. …… 이 모델은 규정기관의 판단에 따라 진화할 것"이라고 버리셔스는 이메일 대담에서 말했다. "내가 어떤 방식으로건 영구적으로 못 박아 두고 싶은 유일한 규칙이 있다면 그건 규정기관이 스스로에게 더 이상의 권력을 부여하는 일은 없어야 한다는 점이다. 아마도 규정기관과 관련해서는, 새로이 정하는 규칙은 구성원들이 100퍼센트 물갈이된 후에야 효력을 발휘할 수 있다는 내용을 가장 근본적인 규칙으로 정립시켜야 할 것이다." 모든 것을 사전에 세세하게 계획하는 대신 버리셔스는 '자가 학습적인' 체제를 구상했다고 할까.

이 밑그림의 독창성은 민주주의에 대한 항구적 추구—효율성과 정당성 사이의 균형에 대한 추구—를 순전히 제비뽑기라는 방식을 통해 지향한다는 데에 있다. 시민들이 자발적으로 5, 6개 기관에 지원할 수 있는 가능성을 열어주는 것은 분명 실천 역량(이익집단 대표기관의 경우 제비뽑기조차 필요하지 않다. 누구든 원하는 사람은 직접 활동에 참가하면 된다)이라는 측면에서 바람직하다. 또한 최종적 결정, 최후의 결정권이 정책 심사 기관을 구성하는 대표들에게 있다는 사실은 정당성 측면에서 매우 중요하다. 요약하자면, 사회를 위해 봉사할 수 있다고 여기는 사람이면 누구에게든 숙의 과정에 참가할 수 있는 가능성이 열려 있지만 궁극적으로 결정은 공동체가 하는 식이 되는 것이다.

18세기 말에는 어느 누구도 공공정책에 대한 지지와 실제로 활동하는 역량 사이에 그와 같은 균형이 정립될 수 있으리라고는 생각하지 못했을 것이다. 미국과 프랑스의 혁명주의자들은 공무는 너무 중요하기 때문에 민중에게 맡겨서는 안 된다고 믿었다. 그러므로 선거에 의한 소수특권적 체제를 표방한 그들은 정당성보다 효율성을 우위에 두었다. 그 대가를 현재의 우리가 치르는 중이다. 민중은 분노로 으르렁거린다. 민중의 포효는 선거 대의정치 체제의 정당성을 문제 삼고 있다.

버리셔스의 제안은 특히 흥미롭다. 그 제안은 어떻게 하면 민주주의가 이제까지와는 완전히 다른 토대 위에서 조직될 수 있는지를 아주 매혹적인 방식으로 보여준다. 그의 제안은 고대 아테네의 체제에서 영감을 얻었으나, 당시 통용되던 절차를 임의적으로 차용하지 않는다. 버리셔스는 최근에 발표된 숙의 민주주의 관련 연구 결과와 실제 제비뽑기를 실시했던 경험 등을 근거로 삼고 있으며, 따라서 특정 형태에서 나타날 수 있는 잠재적 함정에 대해서도 충분히 고려한다. 그의 제안은 이러한 함정은 물론 권력의 지나친 집중 현상을 방지하기 위한 제동과 견제 체제까지 제시한다. 그리고 무엇보다도 정치를 주민들의 삶 한가운데로 끌어들인다는 장점을 지닌다. 그 결과 엘리트주의에 근거한 통치자와 피통치자 사이의 견고한 분리가 자취를 감추게 된다. 이렇게 해서 우리는 모두가 번갈아 가면서 통치자가 되었다가 피통치자가 되는 아리스토텔레스식의 이상향에 근접한다.

자, 그렇다면 이제 무엇을 해야 할 것인가? 뛰어난 역사학적 연구도 있었고 정치철학자들의 노고가 빚어낸 혁혁한 성과도 있으며 번뜩이는 영감을 제공하는 실천 사례들도 널려 있고 매우 정교한 모델들도 제시되었다. 그중에서도 특히 전도양양한 버리셔스 모델은 방금 살펴보았다. 다음 단계는 무엇인가?

버리셔스의 모델은 끊임없이 진화하는 모델이라고 앞서 말했다. 하지만 일단 시행되어야 진화 과정이 시작될 수 있다. 현행 체제에서 버리셔스의 모델로 넘어가는 과정은 지극히 모호한 상태로 남아 있다. 그보다 앞서서 동료 데이빗 쉑터와 공동으로 집필한 글에서 버리셔스는 자신의 모델이 다양한 방식으로 현실에서 활용될 수 있다고 주장한다.

1. 오직 하나의 법을 제정할 때 제비뽑기 방식을 사용한다(브리티시컬럼비아의 시민집회 사례).

2. 공공정책의 몇몇 특정 분야의 모든 법을 제정할(예를 들어 너무도 논란의 여지가 많은 분야인 탓에 선거를 통해 뽑힌 의원들이 자진해서 시민에게 넘겨주고 싶어 하는 사안이나 입법자들 간에 임기나 급여, 선거법 등을 두고 이

해관계의 갈등이 예상되는 분야) 때 제비뽑기를 도입한다.

3. 시민주도 또는 국민투표라는 틀 안에서 숙의의 수준을 높이기 위해 제비뽑기를 활용한다.

4. 선거를 통해 양원을 모두 구성하는 의회제도하에서 상원 또는 하원 하나는 제비뽑기로 대체하는 방식도 고려해볼 수 있다.

5. 모든 입법 활동을 선거를 통한 대표들에게 의존하지 않고 제비뽑기로 선발된 대표들에게 일임한다.[25]

위에 열거한 다섯 가지 적용 방식을 역사적 대전환을 이루기 위한 5개의 순차적 단계로 이해한다면? 아주 소박하고 신중하게 시작해서 웅장하게 마무리 지어도 좋지 않을까? 그의 글을 읽으면서 나는 버리셔스의 제안이 어떤 의미에서는 벌써 시작되었음을 느꼈다. 1번 단계는 캐나다에서 이미 진행되었다. 2번 단계는 아일랜드에서 진행 중이고, 3번 단계는 제일 처음으로 시도되었다. 4번과 5번 단계, 그렇다, 바로 이 두 단계가 커다란 도전이다. 이 두 단계에 관한 한 우리는 아직 한 발자국도 떼지 못했다. 버리셔스의 모델을 전적으로 실행에 옮기기(5번 단계)에는 아직 시기상조다. 대대적인 혁명이라도 발발하지 않는 한 정당들은 절대 어느 날 갑자기 제비뽑기로 여러 기관을 선발하자는 주장에 밀려 자취를 감추게 되기를 원치 않을 것이다. 하지만 4번 단계 정도라면 머지않아 곧 적절한 시기가 도래할 것으로 보인다.

선거와 제비뽑기의 결합,
언제까지 변화를 망설일 것인가?

　　민주주의는 마치 점토와도 같아서 시대에 적응한다. 민주주의는 항상 역사적 맥락에 따라 그 구체적인 실현 형태를 달리해왔다. 민주주의는 숙의 과정이 핵심을 이루는 정치체제로서, 사용 가능한 소통 수단에 매우 민감한 반응을 보인다. 그렇기 때문에 고대 아테네의 민주주의는 부분적으로 구전문화를 통해 형성되었으며 19, 20세기의 선거 대의 민주주의는 인쇄술의 발달(신문을 비롯하여 라디오, 텔레비전, 인터넷 1.0 같은 여타 일방통행성 미디어)과 더불어 전성기를 구가했다. 오늘날 우리는 항구적인 쌍방향 소통 시대에 살고 있다. 대단히 신속하고 탈중앙집권적인 오늘날의 소통 방식은 우리에게 새로운 자율성을 제공한다. 그렇다면 이러한 특성에 어울리는 민주주의는 어떤 형태일까?[26]

　　활발하게 자신의 의사를 표시할 수 있는 역량을 갖추었으며 실제로 온라인상에서 언성을 높이는 모든 시민들과 어떤 관계를 유지하는 것이 통치 당국에 바람직할 것인가? 첫째, 불신과 경계심보다는 기쁜 마음으로 이를 받아들여야 한다. 왜냐하면 온라인상에서건 컴퓨터 화면 밖에서건 시민들이 쏟아내는 분노의 이면에는 적어도 한 가지 긍정적 측면이 숨어 있기 때문이다. 이 긍정적 측면이란 바로 참여다. 물론 이는 일종의 가시철사로 포장한 선물이라고 볼 수 있다. 하지만 무관심은 이보다 훨씬 고약하다. 둘째, 통치 당국은 손을 떼는 법도 배워두어야 할 필요가 있다. 시민 대신 당국이 모든 것을 도맡아서 해결하려 들지 말아야 한다는 말이다. 시민은 더 이상 어린아이도 고객도 아니다. 우리가 사는 새천년의 초반부에는 모름지기 모든 관계가 보다 수평적이다.

의사들은 인터넷을 통해 자신들의 증세에 관해 연구하는 환자들과의 관계를 재정립하는 법을 새로 배워야 했다. 처음에는 골치 아픈 문제로 여겨지던 것이 시간이 지남에 따라 강점으로 변했다. 권력의 위임empowerment이 환자의 치유를 용이하게 해주기 때문이다. 정치에서도 마찬가지다. 권력은 변한다. 예전에는 권력을 손에 넣으면 그제서야 발언을 했다. 지금은 발언을 함으로써 권력을 얻는다. 리더십은 민중의 이름으로 민중 대신 결정을 내리는 것이 아니라 민중과 더불어 결정을 내리는 절차에 시동을 거는 것이다. 만일 자율적인 시민을 선거를 위한 가축 떼 취급한다면 시민은 대접받은 대로 행동할 것이다. 통치 당국과 그들의 통치를 받는 자들의 관계는 더 이상 부모와 자식의 관계가 아니라 동등한 성인들끼리의 관계다. 정치가들은 가시철사를 꿰뚫고 바라볼 줄 알아야 할 것이다. 다시 말해서 시민을 신뢰하고 시민이 느끼는 바를 진지하게 받아들이며 시민의 경험을 적절하게 평가할 줄 알아야 한다. 요컨대 시민을 초대해서 그에게 권력을 주어야 한다. 그리고 그것이 균형 잡힌 권력이 될 수 있으려면 제비뽑기를 통해서 그렇게 해야 한다.

나는 제비뽑기에 새로운 기회를 제공함으로써 현재 민주주의 체제가 겪는 의미심장한 위기를 돌파할 수 있다고 생각한다. 제비뽑기의 도입은 물론 기적을 낳는 치료법도 아니고 가장 이상적인 비법도 아니겠으나 사실 그건 선거도 마찬가지다. 이제까지 선거가 그 같은 엄청난 성과를 거둔 적은 없으니 말이다. 다만 제비뽑기는 현행 체제가 지닌 단점의 일부분 정도는 수정할 수 있을 것이다. 제비뽑기는 논리적 정신에 어긋나는 것이 아니라 논리에서 비롯된다. 정치적 기회를 균등하게 배분하며 불화를 방지할 수 있는, 의도적으로 중립적인 절차가 바로 제비뽑기다. 부패의 위험도 완화될 것이고 선거 망국병도 사라질 것이며 공동선을 향한 관심은 강화될 것이다. 제비뽑기를 통해 선발된 시민들은 직업 정치인의 역량은 갖추지 못했을지 몰라도 자유라는 또 다른 강점을 지녔다. 이들은 선거에 당선되거나 재선되어야 한다는 부담에서 자유로울 수 있기 때문이다.

그러므로 민주주의 역사가 이 단계에 이른 현 시점에서는 더 이상 선거를 통해 선발된 자들에게만 입법권을 부여하지 말고 제비뽑기를 통해 선발된 자들에게도 나누어주는 것이 분별 있는 태도라고 말할 수 있다. 이미 우리가 사법 분야에서는 이 제도를 믿고 활용하고 있으니 입법 분야라고 해서 안 될 까닭이 없지 않겠는가? 입법 분야에 이 제도를 도입하면 어느 정도 평온이 찾아올 것이다. 선거에서 당선된 선량들(오늘날의 정치인들)은 더 이상 상업 미디어나 소셜미디어의 먹잇감이 되지 않으면서 선거 열기와 시청률을 고려하지 않아도 되는 제2의 의회, 곧 공동의 이익과 장기적 관점을 중요시하며 문자 그대로 참가자들이 자유롭게 말할 수 있는—자신들이 남보다 낫기 때문에 발언하는 것이 아니라 상황이 자신들이 가진 최선을 표출할 것을 요구하기 때문에—시민의회의 지원을 받을 수 있을 것이다.

　민주주의는 사회에서 가장 우수한 인적 자원들에 의해 지배되는 체제가 아니다. 그러한 체제는 비록 지배하는 자들이 선거에 의해 선발되었다고 해도 민주주의가 아니라 소수특권주의라고 불러야 마땅하다. 물론 그 같은 체제를 채택할 수도 있겠으나 그럴 경우 명칭만큼은 정확하게 바로잡아야 할 것이다. 민주주의란 소수특권주의와는 달리 각기 다른 목소리를 가진 모두에게 발언권을 줌으로써 공동의 번영을 꾀하는 체제다. 최근에 미국의 철학자 알렉스 게레로Alex Guerrero가 말했듯이 중요한 건 동일한 결정권, 즉 정치 관련 사항을 결정하는 권리를 균등하게 보유하는 것이다. "정치적 권한을 가진 각 개인에게는 다른 사람들과 동일한 만큼의 권리가 주어져야 한다. 그래야 그 정치적 권한을 통해서 어떤 정치적 행위를 취할 것인지를 결정할 수 있다."[27] 요컨대 번갈아가며 통치자와 피통치자가 되어봐야 한다. 민중의, 민중을 위한, 민중에 의한 정부를 세워야 한다는 것이다.

　하지만 이 정도만으로는 여전히 갈 길이 멀다. "시민들은 무능하다!" "정치는 참으로 어려운 일이다!" "광대들을 권좌에 앉히자니!" "상놈들에게 비단옷을 입히자고? 됐네요!" 등등. 앞으로 더 나아가기에 앞서 제비뽑기에 가해지는 가장 큰 비난에 대해 잠시 생각해보자. 그건 바로 선거를 통해 선발되지 않은 자들은 무능하리라는 추측이다. 이러한 비난에는 물론 긍정적인 측면도 있다. 무능함을 염려한다는 건 뒤집어서 생각하면 민주주의의 질적 수준에 대해 염려하는 사람들이 그 정도로 많다는 말이기도 하니까. 민주주의 혁신에 대해서 도통 아무런 질문도 나오지 않는 나라들이야말로 정말 불행하다. 그런 나라에서는 불안마저 잠식되어 온통 무기력뿐이니 말이다. 민주주의의 미래에 대해 평온한 가운데 토론을 벌일 수 없는 나라도 불행하다. 그런 나라에는 근거 없는 히스테리가 판을 치니까.

제비뽑기라는 아이디어가 불러일으키기 마련인 패닉 상태는 선거 대의 민주주의 체제가 유지되어온 지난 2세기 동안 서열 중시 사고, 다시 말해서 공무는 예외적으로 뛰어난 재능을 가진 사람들만이 다루어야 한다는 신념이 우리 정신 속에 얼마나 깊이 뿌리내렸는지를 보여준다. 나는 여기서 이와 반대되는 몇몇 논리를 간추려보겠다.

- 오늘날 제비뽑기를 통해 선발된 시민들에 반대하는 이유들이란 지난 날 농부, 노동자 또는 여자들에게 투표권을 주어서는 안 된다면서 내세웠던 이유들과 거의 유사하다. 당시에도 역시 반대하는 사람들은 그렇게 하면 정말로 민주주의는 끝장날 거라고 주장했다.

- 선거를 통해 당선된 자들로 구성된 의회는 틀림없이 제비뽑기로 선발된 자들의 의회보다 기술적으로 한 수 위의 역량을 가졌다고 봐야 할 것이다. 그렇다고는 해도, 각 개인은 다른 건 몰라도 자기 삶에서만큼은 전문가들이다. 그들 중 어느 한 사람도 매일 먹는 빵 값조차 모른다면, 대단한 실력을 가졌다는 유능한 법률가들로 구성된 의회가 무슨 소용이겠는가? 제비뽑기 방식을 도입함으로써 우리는

사회를 충실하게 비추는 더 나은 표본을 입법기관에 제공할 수 있다.

● 선거를 통해 당선된 선량들이라고 해서 언제나 유능한 건 아니다. 만일 그들이 늘 그처럼 유능하다면 무엇 때문에 그들을 도와주는 보좌관, 학자, 연구소 등이 필요하겠는가? 그들이 유능하다 쳐도 한 부처의 장관이라는 자가 하루아침에 다른 부처의 장관이 되는 일이 어떻게 가능하단 말인가? 그렇게 할 수 있는 건 오직 전문가팀이 그들을 둘러싸고 그들에게 기술적 자문을 제공해주기 때문이 아니겠는가?

● 제비뽑기를 통해 뽑힌 국민 대표들은 그들끼리만 남겨져서는 안 된다. 전문가들을 초빙하고, 중재자들의 도움을 받아야 하며, 다른 시민들에게 정보를 얻어야 한다. 뿐만 아니라 그들이 임무와 친숙해지기 위해서는 얼마간의 시간도 필요하고 자료를 충분히 수집할 수 있도록 도와주는 행정 지원도 필요하다.

● 제비뽑기를 통해 선발된 시민들은 정당의 운영에 개입할 의무도, 선거운동에 동원되거나 미디어에 얼굴을 내밀어야 할 필요도 없으므로 선거로 당선된 그들의 동료들에 비해서 입법 활동에 집중할 시간이 더 많다. 따라서 실제로도 관련 사안에 대해 충분한 지식을 쌓으며 전문가들의 견해를 청해 듣고 자기들끼리 활발한 토론을 벌이는 등, 임무에만 전념할 수 있다.

● 각자 자신의 재능과 야심을 발휘할 수 있다. 행정 업무라는 묵직한 일에 재능이 있다고 생각하는 자는 의제 결정 기관이나 검토기관, 규정 심의 기관, 감독기관 등에 들어가기 위한 제비뽑기에 지원

하고, 특정 입법에 대해 구체적인 아이디어를 지닌 사람은 이익집단 대표 기관에 지원할 수 있을 것이다. 평온하게 일하는 분위기를 선호하는 사람은 정책 심의 기관에 차출되어 하루 또는 여러 날 동안 일할 수 있으며 이는 날마다 정치에 비상한 관심을 기울이지 않는 사람도 투표는 하러 가는 것과 크게 다르지 않다.

● 소송에서 의견을 표하라는 임무를 수행하기 위해 제비뽑기로 선발된 시민 배심원들의 사례는 이들이 일반적으로 배심원 일을 매우 진지하게 받아들이고 있음을 보여준다. 따라서 민의의 전당인 의사당이 신중하지 못하고 무책임한 자들로 채워질지도 모른다는 두려움은 전혀 근거가 없다. 시민 배심원 12명이 마음을 합해 어떤 한 시민의 자유나 구속 여부를 결정해도 좋다고 우리가 동의했다면, 이보다 더 많은 수의 시민들이 책임감 있는 자세로 공동체의 이익을 위해 일하기를 원하며 실제로 그렇게 할 만한 역량을 지녔을 것이라고도 얼마든지 믿을 수 있다.

● 이제까지 진행된 모든 시민포럼은 제비뽑기를 통해 선발된 참가자들의 헌신과 건설적인 접근 자세는 물론 때로는 권유사항을 제시함에 있어서 섬세함까지도 겸비하고 있음을 보여주었다. 그렇다고 해서 이들에게 아무런 약점도 없다고 결론내릴 수 있을까? 물론 그렇지 않다. 하지만 선거 대의 민주주의 체제 또한 약점을 가진 것이 사실이다. 선량들이 제정한 법들도 때로는 허점을 보인다.

● 우리는 평범한 시민들에게 발언권을 주는 문제에는 그토록 주저하면서 왜 각종 로비나 연구 집단, 온갖 종류의 이익집단이 정치에

영향력을 행사하는 것은 받아들이는가? 따지고 보면 평범한 시민들이야말로 모든 정책 수립에서 가장 직접적인 당사자인데 말이다.

● 더구나 제비뽑기로 선발된 시민들로 구성된 의회는 양원 가운데 하나, 또는 기존 양원에 하나를 더한 형태로 추진될 터이니 전부이자 유일한 의회도 아니다. 민주주의의 이 단계에서 입법 활동은 선거를 통해 당선된 대표들과 제비뽑기를 통해 선발된 대표들의 협업이 빚어낸 과실이어야 할 것이다. 광대들을 권좌에 앉히자고? 그런식으로 말을 할 수도 있겠지만 광대들이 혼자서 권력을 행사하는 일은 없을 것이다.

구글맵에서 검색하려면 지도와 위성사진, 두 가지 가운데 하나를 택해야 한다. 지도가 여정을 짜는 데에는 훨씬 유용한 반면, 사진은 주변 모습을 훨씬 더 생생하게 보여준다. 민주주의도 똑같은 식이다. 민중을 대표한다는 것은 사회의 지도를 만드는 일과 같다. 복잡한 현실을 단순화해서 반영하는 것이다. 그런데 이 단순화된 반영을 통해서 미래가 결정(정치가 궁극적으로 미래를 결정하는 것이 아니라면 또 무엇이란 말인가?)된다면 지도는 최대한 풍성해져야 할 필요가 있다. 이는 곧 지도와 사진이 서로를 보완해야 한다는 말이 된다. 오늘날 우리가 택해야 할 길은 이중대표체제, 즉 선거와 제비뽑기를 결합해 대표성을 강화시켜주는 모델이다. 이 두 가지는 각각 장점을 가지고 있다. 직업 정치인들의 역량과 선거에서 당선될 걱정을 하지 않아도 되는 시민들의 자유가 바로 그 각각의 장점이다. 선거 모델과 임의적인 제비뽑기 모델이 함께 기능하도록 해야 할 것이다.

이중대표체제는 많은 나라가 민주주의 피로감 증후군에 시달리는 현 시점에서 가장 나은 치료책이다. 통치자와 피통치자 사이의 불신감은 이 두 역할이 완전하게 분리되어 있을 때에 비해서 줄어들게 될 것이다. 제비뽑기를 통해서 권력을 얻게 되는 시민들은 정치협상의 복잡함을 몸소 체험하게 될 것이다. 제비뽑기는 민주주의를 가르치는 뛰어난 학교다. 한편 정치인들 또한 그들이 자주 소홀히 하고 과소평가하던 시민들의 한 단면, 곧 합리적이고 건설적인 결정을 내리는 시민들의 역량을 새삼 발견하게 될 것이다. 정치인들은 일부 법은 시민들이 법 제정 출발 단계부터 개입했을 때 한결 수월하게 수용된다는 사실을 확인하게 될 것이다. 공공정책에 대한 지지가 강화되면 정책 실행 역량도 증가한다. 요컨대 이중대표 모델은 통치자와 피통치자 모두에게 유리한 합리적인 치료책인 것이다.

어쩌면 어느 정도 시간이 지난 후에는 이 이중대표체제가 제비뽑기 단일 체제에 자리를 내줄 수도 있다(버리셔스 이론에서 5단계에 해당). 어쨌거나 민주주의는 결코 완성되지 않는다. 다만 현재로서는 제비뽑기와 선거의 결합이 그나마 상상할 수 있는 가장 괜찮은 해결책이다. 이 체제는 포퓰리스트 전통이 지닌 가장 좋은 점(현실 사회를 가장 충실하게 반영할 수 있는 대표제에 대한 염원)을 활용하면서도 일사분란하게 단일화된 민중이라는 위험한 환상은 배제한다. 이 체제는 또한 관료주의 전통이 지닌 가장 좋은 점, 즉 선거로 당선되지 않은 전문가들이 지닌 기술적 역량을 배려하는 측면도 자기 것으로 만든다(그렇다고 이들에게 최종 결정권을 주는 것은 아니다). 또한 직접 민주주의 전통이 지닌 가장 좋은 점(열린 토론을 중시하는 수평적 문화)은 살리되 이 전통의 약점인 반의회주의적 요소는 배제한다. 마지막으로 이중대표체제는 고전적인 대의 민주주의가 지닌 가장 좋은 점(권력을 행사하기 위한 위임의 중요성)은 유지하면서 거기에 늘 붙어 다니는 맹목적인 선거 숭배와는 거리를 둔다. 이처럼 호의적인 요소들이 서로 결합하면서 정당성과 효율성은 동시에 증대된다. 피통치자들은 통치 행위 속에서 자신들의 모습을 발견하게 되고, 통치자들은 증대된 정책 역량으로 권력을 행사할 수 있다. 이중대표 모델 덕분에 민주주의라는 배는 한결 평온해진 물에서 항해를 계속할 수 있다.

이러한 이행은 언제 시작되어야 하는가? 즉시. 어디에서? 유럽에서. 왜? 유럽연합이 큰 강점을 지녔으므로. 어떤 강점? 유럽연합은 자국의 민주주의 토대를 손질함으로써 이를 혁신하고자 하는 용기를 지닌 회원국들에게 하나의 피난처 역할을 해줄 수 있다.

정치체제의 혁신은 동서고금을 통틀어 언제나 매우 위험한 시도였다. 지방 차원을 놓고 보자면, 도시나 읍면 등이 대대적으로 시민들의 참여를 독려하기 시작한 건 국가의 중앙정부로부터 그렇게 하도록 지시가 떨어지고 난 이후부터였다. 그러므로 유럽연합은 필요한 방책들을 마련한 뒤 회원국들로 하여금 제비뽑기와 관련하여 파일럿 프로젝트들을 운영해보도록 독려할 수 있다. 게다가 유럽연합은 실제로 대대적인 규모의 임의적 표본 구성이나 숙의 민주주의 실행에 앞장서고 있다.[28] 2013년을 유럽 시민의 해로 선포한 것도 유럽연합이었다. 민주주의가 회원국들에서 그처럼 쇠퇴했다면 유럽연합이 내세우는 거창한 이상향이 다 무슨 소용이 있겠는가?

유럽연합의 남부 지역 회원국들(그리스, 이탈리아, 스페인, 포르투갈, 사이프러스)이 겪는 위기는 포스트민주주의의 유령을 떠오르게 만든다. 헝가리와 그리스에서 일고 있는 '비밀 파시스트cryptofascist' 운동은 얼마 전부터 더 이상 '비밀'이 아니다. 이탈리아와 그리스에서는 관료주의가 잠정적으로 민주주의에 승리를 거둔 상태다. 네덜란드와 영국의 경우, 포퓰리즘은 매우 중요한 정치 요소로 승격했다. 또 가장 비근한 예로 벨기에는 무려 1년 반 동안이나 정부가 없는 상태를 경험했다. 이러한 사례는 얼마든지 더 있다.

이중대표체제를 벨기에에서 처음으로 실행해본다면 매우 흥미로울 것 같다. 이제까지 유럽연합의 어느 회원국도 민주주의 피로감 증후군을 그토록 첨예하게 드러낸 적이 없었다. 2010년 선거가 끝난 후 541일이 지난 다음에야 비로소 나라를 통치할 팀이 꾸려졌으며 이는 세계 역사상 전무후무하기 때문이다. 그뿐 아니라 현재로서는 유럽연합의 그 어느 회원국도 벨기에만큼 제비뽑기를 도입할 만한 가능성을 보여주지 못했다. 2014년부터 벨기에에는 더 이상 직접선거에 의해 꾸려지는 상원이 존재하지 않는다. 그러므로 연방 차원에서 입법 권한은 오직 하원만이 쥐고 있다. 아울러 지난 몇십 년에 걸쳐 국가권력의 상당 부분이 그보다 하위의 행정 층위, 즉 플랑드르, 왈로니, 브뤼셀, 독일어권역 같은 지방으로 이양되었다.[29] 이 같은 공식적인 층위간의 상호 접촉이 순조롭게 이루어질 수 있도록 상원은 현재 심사 숙고원, 다시 말해서 국가의 다양한 지방권력들이 만나는 곳으로 전환 중이다. 상원이 과거에는 영국의 상원처럼 벨기에 귀족들의 전유물이었다면 지금은 미국의 상원처럼 국가의 여러 지방이 지닌 다양성을 반영하는 공간으로 변모하는 중이다. 벨기에의 상원의원 60명 중에서 50명은 연방을 구성하는 지방 의회를 대표하며 나머지 10명은 동료 의원들에 의해 선발된다. 선거로 당선된 상원의원들의 수는 그간 체계적으로 감소되어왔다. 1830년에는 상원 전체가 직접선거로 선출되었던 반면, 현재는 선거로 뽑히는 상원의원이 단한 명도 없다. 이 때문에 제비뽑기를 실시할 수 있는 가능성이 열렸다고 볼 수 있다. 연이은 헌법 개정으로 주민들은 직접선거가 더 이상 국회에서 원을 구성하는 데 절대적 조건이 되지 않는다는 사실을 체득했다. 유럽연합 내부에서 임의적 대의 민주주의 체제를 적용해볼 수 있는 유일한 곳이 있다면 그건 바로 얼마 전에 개혁을 끝낸 벨기에 상원이다.[30]

벨기에가 이중대표체제를 채택한다면, 상원은 오로지 제비뽑기로 선발된 시민들로만 구성될 수 있으며, 하원은 여전히 선거를 통해 당선된 시민들로 꾸려질 수 있다. 지금 시점에서는 상원의 정원수나 제비뽑기 운영 방식, 그렇게 구성된 상원의 권한과 임무, 임기와 적정 보수 등을 따질 때가 아니다. 여기서 중요한 건 여러 기관에 점진적으로 제비뽑기 방식을 도입하는 방안에 대해 생각해보는 것이다. 유럽연합의 확고한 지지를 얻는다면, 연방 정부 당국은 각 회원국이 법률안을 작성한다(예를 들어 연방국가의 권한으로 남아 있게 되는 영역 결정 관련법)는 테두리 안에서 세계 최초로 제비뽑기를 실시해볼 수 있을 것이다. 그러기 위해서는 몇몇 이익집단 패널, 검토 패널, 시민 법정 정도만 갖춰지는 것으로 충분하다. 정계가 나서서 거기에서 얻은 결과를 어떻게 할 것인지 미리 결정할 수 있다. 이들의 권유 사항은 구속력을 갖는가, 갖지 않는가? 여기서 얻게 되는 법률안은 어느 시점에서 법의 효력을 갖는가? 이런 문제들에 대해 선제적으로 생각해볼 필요가 있다는 말이다.

이 경험이 긍정적으로 평가되면, 제비뽑기를 특정 공공정책 분야로 확대 적용할 수 있다. 정당정치 체제하에서 해결책을 찾기에는 너무 미묘한 분야(버리셔스 이론에서 2단계)일수록 효과적일 것이다. 아일랜드에서 헌법에 관한 컨벤션이 동성애자들의 혼인, 여성인권, 신성모독, 선거법 같은 문제를 논의한 것도 이런 이유 때문이다. 벨기에의 경우, 환경이나 정치 난민, 이민, 그 외 공동체 관련 안건들을 이런 방식으로 논의해볼 수 있겠다. 이러한 프로젝트를 가동시키기 위해서는 적어도 의제 결정 기관, 규정 심의 기관, 감독기관 정도의 기구는 구성해야 한다. 그리고 시민 참여 기관은 이른바 행정 군도群島 안에서 고정적인 구성요소로 자리매김해야 한다. 기관 각각이 고립된 섬이지만, 새로운 민주주의 체제 속에서 새로운 사회 형태를 구현하기 위해 서로 긴밀하게 소통해야 할 것이라는 말이다.[31] 그다음 단계에서 정치계는 제비뽑기를 통한 시민 참여를 상시적인 것으로 못 박아야 할 것이며 이를 위해 필요한 조치를 취해야 할 것이다. 예를 들어 상원은 여러 기관들로 구성된 입법기관(버리셔스의 이론에서 4단계)으로 변신할 수 있다.

벨기에는 이중대표체제를 채택하는 유럽 최초의 국가가 될 수 있다. 아이슬란드와 아일랜드가 최근에 경제·금융 위기를 맞자 대담하게도 열린 참여 방식으로 헌법을 새로 제정하겠다고 나섰듯이, 벨기에도 지난 몇 년간 대면해야 했던 정치 위기를 민주주의의 해묵은 먼지를 털어내고 젊음을 되찾을 수 있는 기회로 활용할 수 있다. 물론 이 대범한 실험의 첫 단계는 벨기에가 아닌 다른 나라에서 신호탄을 쏘아 올릴 수도 있다. 가령 포르투갈 같은 나라를 생각해볼 수 있다. 이는 이 나라가 위기를 겪고 있기도 하지만 그 외에 아직 민주주의 역사가 짧은데도 이미 시민 참여 예산을 운영한 경험이 있다는 점을 이유로 들 수 있다. 역시 민주국가로 탄생한 지 얼마 되지 않은 에스토니아도 자국 내에서 소수 집단을 형성하는 러시아 민족의 자리를 결정해야 하는 심각한 당면 문제를 이런 방식으로 해결해볼 만하다. 크로아티아 또한 이제 막 유럽연합에 가입한 신참 회원국으로 적극적인 시민 참여와 굿 거버넌스good gouvernance를 진작시키는 여러 시도들을 열정적으로 지원하고 있으므로 후보가 될 수 있을 것으로 보인다. 네덜란드는 이미 선거제도에 대한 시민포럼Burgerforum Kiesstelsel을 진행한데다 워낙 사회적 숙의 민주주의 전통(네덜란드 사람들이 'polderen'이라고 부르는 것, 문자 그대로 옮긴다면 '합의 추구' 정도로 이해할 수 있는 전통을 말한다)이 강한 곳이므로 얼마든지 도전장을 내밀 만하다. 어찌되었든 내 생각에는 유럽연합의 비교적 소규모 회원국에서 시작하는 것이 이치에 맞을 것으로 보인다.

　얼핏 보기에 먼 미래의 일이라고 생각되는 이러한 제안은 사실 꼭 그렇지만도 않다. 오늘날에도 벌써 제비뽑기로 선발된 시민들이 권력을 쥐고 있는 사례들이 있기 때문이다. 이제까지는 단순히 정치 상황에 대해 감을 잡도록 도와주는 중립적인 바로미터 역할만 해오던 임의적 표본에 의한 여론조사가 지난 몇 년 사이 유럽 곳곳에서 정당들이 메시지를 전달하기 위해 사용하는 결정적 도구로 변했다. 여론조사는 이제 한 정당 또는 특정 정치인, 특정 정책의 인기도만을 측정하는 것이 아니라 그 자체로서 정치적 팩트가 되었다. 이들의 영향력은 엄청나다. 통치자들은 이 조사 결과에 커다란 가치를 부여하며 정책 결정자들은 이를 진지하게 고려한다. 그러므로 제비뽑기 제안은 이미 존재하는 절차를 좀 더 투명하게 만들 것을 목표로 한다고 보면 될 것이다.

　그러니 우리는 무엇 때문에 뭉그적거리는가?

결론
민주주의를 민주화하라

선거란 애초부터 민주적인 도구로 고안되지 않았고 이제까지도 줄곧 그래왔다. 우리는 민주주의를 선거로만 축소함으로써 우리의 민주주의를 파괴하고 있다. 내가 이 책의 1, 2, 3장에서 전개한 논리는 사실 이 한마디로 요약된다. 4장에서는 역사적으로 볼 때 훨씬 민주적인 절차인 제비뽑기를 어떻게 하면 현대에 재도입할 수 있을지를 검토해보았다.

만일 아무것도 바뀌지 않는다면? 각국 정부나 정당, 정치인들이 "제비뽑기를 하자는 제안은 그럴싸하지만, 사실 최근 몇 년 사이 시민들을 위해서 우리가 벌써 많은 일을 하지 않았는가?"라고 반문한다면? 우리는 벌써 새로운 도구들을 무수히 많이 발명해내지 않았는가? 그건 맞는 말이다. 불만이 있는 시민은 조정기관을 찾으면 되며 실제로 이 같은 제도를 도입하는 나라는 꾸준히 증가 추세를 보이고 있다. 자신의 의견을 피력하고 싶은 시민이라면 이따금씩 실시되는 국민투표를 통해 그렇게 하면 된다. 또 충분한 수의 서명을 모은 시민이라면 마음에 품고 있는 안건을 '시민 주도 형태'로 의제에 올려줄 것을 요구할 수 있다. 이 모든 것들은 예전에, 그러니까 공권력이 본질적으로 노동조합이나 각종 이사회, 위원회 또는 자기들끼리만 대화하던 시절에는 존재하지 않았던 시민 참여의 다양한 형태들이다.

이 같은 새로운 도구들은 나름대로의 가치를 지니고 있으며, 특히 오늘날처럼 시민사회를 대표하는 기관들이 영향력을 잃은 시대에는 더욱 그러하다. 하지만 이것들만으로는 여전히 충분하지 않다. 시민 주도라고 해봐야 민중이 느끼는 필요성을 우유 배달원이 우윳병 내려놓듯 입법자들의 문 앞에 내려놓는 것이 고작이다. 더 멀리까지는 나아가지 못한다는 말이다. 국민투표는 이미 작성을 끝낸 법안을 창문 너머로 휙 던지면 민중이 그걸 줍든가 말든가 하는 정도에 지나지 않는다. 그보다 앞서 진행되는 과정에서는 전혀 끼어들 여지가 없으니까. 창밖으로 던져주는 순간에야 비로소 그걸 주워들고 분노할 수 있는 형편이다. 조정기관과의 면담으로 말할 것 같으면 비유적으로 말해서 한적한 정원에서 진행된다. 다시 말해서 치열하게 입법 작업이 진행되는 곳에서 멀리 떨어진 한가로운 곳에서 이루어진다는 말이다. 사건이 벌어지는 현장에는 접근하지 못 한다(조정기관은 말하자면 공권력의 정원사에 해당한다. 정원사는 한가롭게 이웃들과 스테이크 조각이나 썰면서 이들이 늘어놓는 근심과 걱정거리에 귀를 기울이는 정도다). 이것들은 분명 새로운 도구들이지만 여전히 시민들을 저만치 멀리에 잡아둔다. 입법기관이라는 집의 문과 창문에는 바리케이드가 쳐져 있다. 아무도 그 안으로 들어갈 수 없다. 심지어 고양이 출입 구멍마저도 굳게 닫혀 있다. 현재 우리가 처한 위기에 비춰볼 때 우리는 그러한 광장공포증에 놀랄 수밖에 없다. 정치가 마치 견고한 벽으로 둘러싸인 성채 속에 틀어박힌 채 두터운 커튼 뒤에 숨어서 두려움 가득한 눈으로 거리의 동요를 훔쳐보는 형국 같으니 말이다. 어느 모로 보나 이건 바람직한 태도라고 할 수 없다. 정치의 그런 태도는 거리의 동요를 한층 고조시킬 뿐이다.

강력한 개혁이 이루어지지 않는다면 이 체제는 오래 버틸 수 없다. 선거 불참자의 증가, 당원들의 이탈, 정치인들에 대한 경멸감 등을 볼 때, 내각 구성의 어려움, 정부의 비효율성을 볼 때, 그리고 유권자들이 선거를 통해 그 비효율을 응징하는 가혹함, 포퓰리즘과 관료주의, 반의회주의의 가파른 득세 등을 볼 때, 또 시민들의 참여 열망이 점점 커져가고 그 열망이 좌절로 바뀌는 속도가 점점 빨라지는 것을 목격할 때, 우리는 말한다. 간발의 차이라고. 우리에겐 시간이 많지 않다.

사실 이건 아주 간단한 문제다. 정치가 모든 문을 활짝 열어젖히거나, 분노하는 시민들이 완력으로 닫힌 문을 밀고 들어오거나 둘 중 하나다. 닫힌 성문을 열고 들어온 분노하는 시민들은 "참여 없이는 납세도 없다!" 같은 구호를 외쳐대면서 민주주의의 가구들을 산산조각 내고 권력의 샹들리에를 뜯어내서 거리로 들고 나갈 것이다.

불행하게도 이건 허구가 아니다. 내가 이 책을 마칠 무렵 비정부 단체인 국제투명성기구Transparency International는 부패지수를 발표했다. 결과는 한마디로 충격적이다. 전 세계적으로 정당들은 지구상에서 가장 부패한 기관의 반열에 올랐다. 거의 모든 서양 민주국가에서 정당은 부패에 관한 한 단연 1등으로 판정이 났다. 유럽연합 회원국들의 수치도 절망적이다.

그러니 이런 상황이 언제까지 지속될 것인가? 더는 견디기 어려운 상황이다. 내가 만일 정치인이었다면 편하게 잠을 이루지 못할 것 같다. 열정적인 민주주의 신봉자로서 나는 벌써부터 한 눈도 감을 수가 없다. 이건 시한폭탄을 안고 있는 거나 마찬가지다. 지금까지는 그래도 평온함이 유지되고 있지만 그 평온함은 폭풍 전야의 고요함과 다르지 않다. 1850년, 노동자 문제라는 심지에서 연기가 피어오르긴 하는데 아직 화약에는 불이 붙지 않았을 때의 고요함과 유사하다. 오래도록 지속될 극심한 불안 상태에 앞서 찾아오는 일시적인 고요함이다. 1850년 당시에는 투표권이 문제였던 반면 이번에는 표현권이 쟁점이다. 하지만 따지고 보면 동일한 전투다. 정치 후견인이라는 상태에서 벗어나려는 전투이며 더욱 적극적인 민주주의 참여를 보장받기 위한 전투인 것이다. 우리는 민주주의를 해방시켜야 한다. 우리는 민주주의를 민주화해야 한다.

그러니 다시 한 번 묻겠다. 우리는 도대체 무엇 때문에 뭉그적거리는가?

감사의 말

이 책에 대한 구체적인 생각은 2012년 여름 피레네 산맥을 서쪽에서 동쪽으로 횡단하는 동안 무르익었다. 도무지 걷히지 않는 자욱한 안개 때문에 프랑스령 바스크 지방 알뒤드Aldude의 한 작은 마을에 발이 묶인 나는 마을 학교에서 장자크 루소의 『사회계약론』 한 권을 발견했다. 루소가 제비뽑기에 할애한 글귀가 어찌나 강렬하게 와 닿던지 나는 그 글귀를 일기장에 베껴두었다. 그 후 산길을 걷는 여러 주일 동안 내내 나는 그 글귀를 머릿속에서 몇 번이고 되새겼다. 지루하게 이어지는 고산 등정 길에서 나는 머릿속으로 이 책의 뼈대를 쌓아올렸다. 하지만 이 책은 '고독한 산책자의 몽상Rêveries d' un promeneur solitaire'(등산 중인 자신의 처지를 장자크 루소가 쓴 또 다른 책의 제목을 빌어 표현했다—옮긴이)에만 머물지는 않는다. 산에서의 몽상에 독서와 여행, 그리고 많은 의견 청취가 보태진 결과물이니까.

G1000의 경험이 없었다면 나는 아마 절대로 이런 책을 쓰겠다

고 덤비지 않았을 것이다. 2011년 2월, 벨기에에서 시민 참여를 강화하겠다는 이 야심찬 계획을 주도할 때만 하더라도 그 계획이 그토록 밀도 있는 시도가 되리라고는, 그 일을 통해서 내가 그토록 많은 깨달음을 얻게 되리라고는 상상도 못 했다. 나는 이 계획을 실행에 옮기고 나에게 엄청난 활력을 준 팀에게 많은 것을 빚졌다. 우리는 이 일을 하기 전에는 전혀 알지 못하거나 거의 모르는 사이였지만, 나에게 그들은 언제나 따뜻하고 지혜로우며 열정적인 사람들이었다. 제일 처음으로 나의 관심을 제비뽑기 문제로 잡아 끈 사람은 칼럼니스트 파울 헤르만트Paul Hermant였다. 입헌주의자 세바스틴 판 드로헨브룩 Sébastien Van Drooghenbroeck은 첫 번째 회합 때부터 베르나르 마냉의 저작에 대해 이야기했다. 방법론 전문가인 민 뢰샹Min Reuchamps과 디디르 칼뤼아르츠Didier Caluwaerts는 그 무렵 숙의 민주주의에 관한 논문으로 박사학위를 딴 참이었다. 두 사람은 나에게 제임스 피시킨의 여러 가지 실험에 관해 들려주었다. 우리 캠페인을 총지휘한 카토 레오나르 Cato Léonard는 텔레커뮤니케이션 분야에서 일했다. 그녀는 기금을 모집하기 위해 무수히 많은 각종 저녁 모임에 참석하러 가는 차 안에서 나에게 기업에서 점점 더 커져가는 공동창조cocréation와 수익자 경영 stakeholder management의 중요성에 대해 일깨워주었다. 호기심과 열정으로 충만한 이런 식의 모든 대화가 나에게는 특별히 소중하게 여겨진다. 브누아 드렌Benoît Derenne과의 대화도 커다란 기쁨이었다. 그는 프랑스어권 벨기에를 위한 운동의 대변인이 되었고, 나는 플랑드르 지방을 위한 운동의 대변인이 되었다. 미래세대재단의 설립자였던 그는 시민 참여에 관한 한 지방 차원에서건 유럽 차원에서건 매우 폭넓은 실전 경험의 소유자였다. 스위스에서 태어난 벨기에인인 그는 민주주의에 관해서라면, 예를 들어 한창 회합이 진행 중인 가운데 일정 수의 상원 의원을 더도 말고 덜도 말고 제비뽑기로 선발할 수는 없는지 큰소리로 질문을 할 정도로 매우 신선한 감각을 지닌 인물이었다.

G1000 안에서 나는 또한 페터 베르미슈Peter Vermeersch, 디르크 야콥스Dirk Jacobs, 다버 시나르뎃Dave Sinardet, 프란세스카 판트힐런Francesca Vanthielen, 미리아나 프라타롤라Miriana Frattarola, 파트마 히러츠Fatma Girretz, 미리암 스토펀Myriam Stoffen, 요나단 판 파리Jonathan Van Parys, 파티마 지바우Fatima Zibouh에게도 감사를 표한다. 이 사람들은 굉장히 멋진 대화 상대였을 뿐만 아니라 좋은 친구들이기도 했다. 알린 괴탈스Alune Goethals, 로니 다비드Ronny David, 프랑수아-자비에 르페브르François-Xavier Lefebvre 외에도 다른 많은 사람들이 일이 진척되어 가는 단계마다 우리와 합류하여 지금은 견인차 역할을 톡톡히 해내고 있다. 수백 명에 달하는 자원봉사자들, 수천 명의 기부자들, 우리의 생각에 공감을 표시한 1만 2,000명이라는 많은 우호적 인사들을 이 지면에서 일일이 거명할 수는 없으나, 적어도 2011년의 시민 정상회담과 2012년의 시민포럼 참가자들 모두에게는 감사 인사를 전하고 싶다. 다른 어느 누구보다도 그이들을 통해서 나는 시민들이 민주주의의 미래를 위해 협력하려는 의지와 역량을 가졌음을 확신하게 되었다.

이 책에 대해 처음으로 생각한 건, 내가 레이던대학교에서 2011-2012학년도 클레베링아Cleveringa 강좌를 맡을 기회를 얻으면서였다. 이 강좌는 위대하고 용기 있는 법률가 뤼돌프 클레베링아 Rudolph Cleveringa(1894~1980, 레이던대학교의 사법私法, 상법 교수. 1940년 점령군이 유대인 출신 교수들을 해고하자 공개적으로 항의한 것으로 유명하다. 독일군 점령기에 수감생활을 하기도 했다―옮긴이)의 정신에 충실한 가운데 법과 자유, 책임에 대해 성찰하자는 뜻에서 만들어진 대단히 영예로운 강좌다. 그곳에서 내가 제일 먼저 한 강의의 제목은 '질식사 위협에 놓인 민주주의: 선거 근본주의의 위험성'이었다. 나는 그곳의 학장단, 그중에서도 특히 나를 믿고 강좌를 맡겨준 전 학장 빌럼 빌럼스Willem Willems와 파울 판 데르 헤이던Paul Van der Heijden 총장에게 감사드린다. 또 아프가니스탄 같은 비서방국가의 선거와 민주주의에 대해 열심히 연구 조사해준 아너스칼리지honours college의 모든 학생들에게도 고마움을 전한다. 아울러 필리퍼 판 파레이스Philippe Van Parijs, 샹탈 무페Chantal Mouffe, 민 뢰샹Min Reuchamps, 파울 더 흐라으어Paul De Grauwe 같은 벨기에 교수들은 나에게 아이디어를 발표할 기회를 주었다. 나는 그 점에 대해서 그들에게 진심으로 감사한다.

해외여행을 통해서 나는 상당수의 정치학자들과 민주주의 투사들을 만나는 특권을 누렸다. 네덜란드에서는 요신 피테르서Josien Pieterse, 이보너 존데롭Yvonne Zonderop과 빌럼 스힝컬Willem Schinkel이 나에게 많은 가르침을 주었다. 독일에서는 특별히 카르슈텐 베르크 Carsten Berg와 마르틴 빌헬름Martin Wilhelm과의 만남이 인상적이었으며, 오스트리아의 카를 헨리크 프레드릭슌Carl Henrik Fredriksson, 프랑스의 잉가 박스만Inga Wachsmann과 피에르 칼람Pierre Calame, 크로아티아의 이

고르 스틱스Igor Štiks와 스레코 호르바트Srećko Horvat, 말레이시아의 버니스 샤울Bernice Chauly과 사마드 사이드A. Samad Said 등과의 만남도 매우 유익했다. 사마드 사이드는 말레이시아의 아이콘이자 전설적인 재야 시인으로 78세라는 적지 않은 나이에도 불굴의 용기로 민주주의를 위한 투쟁을 계속하고 있다.

나는 정치인이라면 대놓고 경멸하는 부류에 속하는 사람은 아니다. 오히려 그와 반대로 벨기에 상원의장인 사비너 더 벳휘너Sabine de Bethune, 내가 체류할 당시 네덜란드 제2원 의장이었던 헤르디 페르베이트Gerdi Verbeet 같은 인물들이 의회에서 겪은 실전 경험에 대해 들려주는 말을 경청함으로써 배울 것이 아주 많다고 느꼈다. 더욱 성실하게 이 책의 집필을 준비하기 위해 나는 벨기에 정치계의 몇몇 베테랑들과 오랜 시간 대담했다. 스벤 하츠Sven Gatz, 잉어 페르보터Inge Vervotte, 카롤리너 헤너스Caroline Gennez, 요스 헤이설스Jos Geysels, 휘호 코벨리르스Hugo Coveliers 등은 특별히 관대하게 자신들의 경험담을 들려주었다. 내가 그들을 직접적으로 거명하지는 않았지만—이 책에서 다루는 내용은 엄격한 의미에서의 벨기에 문맥을 넘어선다—이들에게 들은 내용이 나의 성찰에 중요한 자양분이 된 것은 엄연한 사실이다. 그러니 모두에게 깊이 고개 숙여 감사드린다.

나의 궁금증에 대답해준 마르크 스빙에다우Marc Swyngedouw, 마르닉스 베이언Marnix Beyen, 발터르 판 스테인브뤼허Walter Van Steenbrugge, 필립 더 링크Filip De Rynck, 옐러 하머르스Jelle Haemers, 파빈 모로Fabien Moreau, 토마스 잘펠트Thomas Saalfeld, 소나 N. 홀더르Sona N. Golder에게 감

사드린다. 케네스 카티Kenneth Carty와는 브리티시컬럼비아 주의 선거 개혁을 위한 시민집회에 관해서 대담을 나누었다. 그는 여기에서 연구 책임자로 일했다. 각각 아이슬란드와 아일랜드의 새로운 헌법 제정을 위한 평의회에서 매우 적극적으로 활동한 에이리퀴르 베르그만Eiríkur Bergmann, 제인 슈터Jane Suiter와의 교류도 무척이나 흥미로웠다. 이메일 교류를 통해 여러 개의 기관을 대상으로 한 제비뽑기 모델에 관해 풍성한 이야기를 나눌 수 있었던 테릴 버리셔스와 데이빗 쉑터에게 특별히 감사드린다.

페터 베르미슈Peter Vermeersch, 에미 데스휘테러Emmy Deschuttere, 뤽 하위서Luc Huyse는 내 원고를 읽고 늘 그랬던 것처럼 통찰력 있는 지적으로 나를 기쁘게 해주었다. 이 친구들의 우정은 나에게 더할 나위 없이 소중하다. 샤를로트 봉뒤엘은 온라인상에서의 검색과 일부 도표 제작을 도와주었다. 그녀와 일하는 것은 정말이지 큰 기쁨이다. 빌 한선Wil Hansen에게 다시 한 번 감사한다. 나의 네덜란드 출판사 편집장인 그는 나에겐 가히 예외적이라 할 만큼 뛰어난 자문이다. 우리 두 사람이 내 작업실에서 함께 이야기를 나누던 어느 날, 그가 마치 섬광처럼 책 제목을 제안했다. 그는 수잔 손탁의 『해석에 반대한다Against Interpretation』를 생각했고, 나는 파울 파이어아벤트Paul Feyerabend의 『방법에 반대한다Against Method』를 떠올렸는데, 우리 두 사람은 물론 이 말들을 재고 또 재어 보았다.

2013년 7월 브뤼셀에서

추천의 말
선거에 대한 고정관념을 깨는 해머

이 책에서 말하는 '선거에 반대한다'는 주장은 도발적이어서 흥미롭다. 개명된 세상에서 폐하의 시대로 돌아가자고 주장하는 건 아닐 터, 반대 너머의 대안이 무척 궁금하다. 그래도 참자. 먼저 해결해야 할 문제가 있다.

선거는 반대할 제도가 아니다. 오히려 소중히 가꾸고 다듬어야 할 인류 최고의 무형자산이다. 지금의 보통평등선거를 실현하기까지 피나는(말 그대로) 노력이 있었다. 미치광이 취급에 굴하지 않고, 총구의 위협에 꺾이지 않고 일궈낸 게 1인1표라는 선거제도다. 이런 선거제도를 반대한다고? 이런 주장에는 청산주의 딱지를 붙이는 것조차 사치다.

헌데 아니란다. 이 책의 저자는 선거의 역사, 투표권 확장의 역사가 사필귀정의 역사가 아니라 변질의 역사, 왜곡의 역사, 배신의 역사라고 한다. 대의제와 선거는 세트가 아니었는데도 의도적으로

틀지워졌단다.

뽕망치에 가격당한 것처럼 뒤통수가 얼얼하지만 일단 참고 더 따라가 보자. 대의제와 선거가 당연한 세트가 아니라면 또 어떤 조합이 있을 수 있단 말인가? 필자는 '제비뽑기'를 내민다. 고대 아테네에서 행했던, 호랑이 담배 피던 시절의 유물을 꺼내든다. '피식' 웃음이 나온다. '읍·면·동' 수준의 작은 공동체였기에 가능했던 제비뽑기 대의제를 지금 채택하자고? 수천만 명이 바글대는 세상에서? 가뜩이나 먹고살기 힘들어 죽겠는데? 간식 사러 갈 때 애용하는 사다리타기라면 모를까······.

헌데 이 역시 아니란다. 필자는 이런 비웃음을 예상이라도 한 듯 이론이 아니라 실제를 들이댄다. 캐나다의 브리티시컬럼비아 주 등 여러 나라에서 실제로 행했던 실험을 병풍 펼치듯 제시한다.

그러고 보니 이유는 충분하다. 이미 선거에 반대하는 사람은 많다. 우리 지근거리에 꼭 한 명씩은 있지 않은가? 찍을 놈 하나 없다며 투표소 대신 나들이 가는 사람 말이다. 어떤 이들은 이런 사람들의 '일탈'을 반대가 아닌 기권으로, 책임방기로 간주하면서 혀를 끌끌 차지만 정말로 찍을 놈 하나 없어서 그런 거라면 이야기는 달라진다. 기권은 소극적이고 개인적인 반대다. 일방적으로, 그리고 개갈 안 나게 제시되는 선택지에 대한 반대요, 마지못한, 그리고 차선을 강요하는 선택에 대한 반대다.

게다가 이러한 현상은 추세가 되었다. 이런 소극적 반대는 일회적이고 지엽적인 현상이 아니라 지속적이고 확대되고 있다. 우리만 그런 것도 아니고 서구에서도 나타나는 추세다. 그렇다면 이것은 선거제도가 가진 근본적 결함에서 비롯된 필연적인 현상일 수도 있다.

물론 쉽지는 않다. 저자가 즉각적이고도 전면적인 제비뽑기 도입을 주장하지 않는 이유, 선거제도의 기초 위에 제비뽑기 방식을 결합하는 절충안을 제시하는 이유는 현실을 고려했기 때문일 것이다. 선거제도를 대의제의 필수불가결한 요소로 간주하는 유권자들의 고정관념을 일거에 바꿀 수 없음을 알기 때문일 것이다. 우리나라만 놓고 보더라도 이미 노골적으로 나타나고 있지 않은가? 극히 제한적으로 시행되는 국민참여재판만 봐도 수준이 낮다느니, 전문가의 식견을 무시한다느니 온갖 험구를 늘어놓고 있지 않은가? 이런 현실에서 제비뽑기를 주장하면 간식이나 사러 가라고 타박 놓을 게 뻔하다. 하지만 불과 100년 전에도 그랬다. 못 가진 자도, 유색인종도, 여성도 똑같이 한 표를 행사할 권리가 있다고 주장했을 때 기득권층은 미치광이 취급을 넘어 불온한 선동가 취급을 했다. 하지만 지금은 어떤가?

옳다는 믿음이 실천의지를 낳고 그 실천의지가 세상을 바꾸는 법이다. 왜 지금 제비뽑기를 이야기하는지 그 곡절에 대한 관심이 공통분모를 형성하고, 그 공통분모 속에서 공론이 조직된다면 몇십 년 후의 대의제는 지금과는 상당히 다르게 운영될지도 모른다.

이 책은 그런 책이다. 당신이 알고 있는 선거제도와 대의제가 최선이 아닐 수 있다는 도발적 문제제기이자, 당신이 간식 심부름용으로 쓰는 사다리타기를 조금만 변용하면 대의제를 좀 더 잘 작동시킬 수 있다는 간곡한 호소다.

옳다는 믿음은 옳지 않은 고정관념을 깨야만 형성되는 법, 이 책은 고정관념을 깨는 해머다.

2016년 1월

김종배(시사평론가, 팟캐스트 〈시사통〉 진행자)

참고문헌

이 책을 쓰기 위해서 내가 읽은 자료들
가운데 가장 중요한 책은 단연 베르나르 마넹의 『대의 통치의 원칙
Principes du gouvernement représentatif』(파리, 1995)이다. 그 책이 출간된 이후
일련의 뛰어난 저작들이 앞다투어 세상에 나왔다. 우선 영국 사상가
올리버 돌렌Oliver Dowlen의 『제비뽑기가 지니는 정치적 잠재력: 제비
뽑기에 의한 공공기관 종사자 선발에 관한 연구The Political Potential of
Sortition: A Study of the Random Selection of Citizens for Public Office』를 꼽을 수 있으
며, 독일에서는 정치이론과 사상사를 가르치는 후베르투스 북스타인
교수의 『민주주의와 추첨: 정치적 결정을 위한 도구로서의 제비뽑
기: 고대부터 유럽연합에 이르기까지Demokratie une Lotterie: Das Los als
politisches Entscheidungsinstrument von der Antike bis zur EU』(프랑크푸르트, 2009)가
출판되었다. 파리에서는 정치학자 이브 생토메르가 『민주주의적 경
험의 간략한 역사. 아테네의 제비뽑기와 정치에서 오늘날에 이르기
까지Petite histoire de l'expérience démocratique. Tirage au sort et politique d'Athènes à nos

jours』(파리, 2011)를 펴냈고, 캐나다의 정치학 교수 프랑시스 뒤퓌이 데리는『민주주의. 미국과 프랑스에서 이 단어의 정치사Démocratie. Histoire politique d' un mot aux États-Unis et en France』(몬트리올, 2013)를 썼다.

　　민주주의의 영고부침을 다루는 좀 더 일반적인 역사서로 제일 먼저 꼽을 만한 책은 존 킨John Keane의『민주주의의 삶과 죽음The Life and Death of Democracy』(런던, 2009)으로, 이 책은 그야말로 무궁무진한 정보의 보고寶庫다. 수많은 일화들이 소개되어 있다는 장점 외에도 이 책은 지난 3,000년 동안 이어져온 민주주의 체제 변화에 대해 매우 뛰어난 조감도가 되어준다. 이보다 훨씬 전문적이면서 놀라운 통찰력을 보여주는 책으로는 피에르 로장발롱의『반反민주주의. 도전 시대의 정치La Contre-Démocratie. La politique à l' âge de la défiance』(파리, 2006),『민주주의의 정당성La L'égitimité démocratique』(파리, 2008),『평등한 자들의 사회La Société des égaux』(파리, 2012)를 추천한다. 매우 풍부한 내용을 담고 있는 이 책의 내용을 발췌해서 네덜란드어로 번역한 판본 (『Democratie en tegendemocratie』)도 출간되었다(암스테르담, 2012). 현재 민주주의 체제가 처한 상태와 관련한 매우 진지한 사실들을 집대성해놓은 책으로는 마이클 갤러거Michael Gallagher, 마이클 레이버 Michael Laver, 피터 메이어Peter Mair의『현대 유럽에서의 대의 통치 Representative Government in Modern Europe』(메이든헤드, 2011)가 으뜸가는 참고도서다. 아일랜드가 낳은 위대한 정치학자로 안타깝게도 한창 일해야 할 나이에 사망한 피터 메이어의 유고집(『공백을 통치하다: 서양 민주주의의 공동화Rulling the Void: The Hollowing of Western Democracy』, 런던,

2013)도 최근 출판되었다. 그의 글들은 특히 이 책의 1장을 쓸 때 나에게 강력한 영향력을 발휘했다.

최근 몇 년 사이에 대학 사회를 중심으로 제비뽑기에 우호적인 논리들이 재검토되고 재논의되고 있다. 이스트 앵글리아 대학교의 정치학 교수 바바라 굿윈Barbara Goodwin은 1992년에 벌써 『추첨에 의한 사법 행위Justice by Lottery』(시카고, 1992)라는 영향력 있는 저작을 발표했다. 이 책에서 그녀는 민주주의 체제하에서 제비뽑기가 지니는 가치를 재조명했다. 오스트레일리아 출신의 두 학자 린 카슨Lyn Carson과 브라이언 마틴Brian Martin은 공저 『정치에서 무작위 선별Random Selection in Politics』(웨스트포트, 1999)을 내놓았다. 최근에 들어와서 이 분야의 연구는 눈에 띄게 가속화되고 있다. 앞에서 이미 소개한 『제비뽑기가 지니는 정치적 잠재력』의 저자이자 무작위 선별을 포함하는 민주주의 사회라는 시민단체의 공동 창립자이기도 한 올리버 돌렌은 질 들라누아Gil Delannoi와 공동으로 논문집 『제비뽑기: 이론과 실행Sortition: Theory and Practice』(엑세터, 2010)을 펴냈다. 그는 또한 이보다 훨씬 짤막한 개론서 『추첨에 의한 선발: 시민들을 대상으로 하는 제비뽑기와 시민 참여의 미래Sorted: Civic Lotteries and the future of Public Participation』(토론토, 2008)도 썼다. 이 책은 PDF 파일 형태로 무료로 다운로드할 수 있다. 한편 테릴 버리셔스는 『선거의 문제: 당신이 늘 민주주의에 대해 알고 있다고 믿어왔던 모든 것은 틀렸다The Trouble With Elections: Everything You Thought You Knew About Democracy Is Wrong』라는 매력적인 제목(가칭)의 저서를 집필 중이다.

나는 어니스트 칼렌바크와 마이클 필립스(『시민입법A Citizen Legislature』, 버클리, 1985), 앤서니 바넷과 피터 카티 (『아테네 방식: 상원의 전폭적인 개혁The Athenian Option: Radical Reform for the House of Lords』, 런던, 1998), 키이스 서덜랜드의 『시민의회: (새로 고친) 매우 영국적인 혁명의 청사진A People's Parliament: A (Revised) Blueprint for a Very English Revolution』 (엑세터, 2008)을 비롯하여 앞에서 이미 언급한 생토메르나 북스타인의 저서 등에서 제비뽑기 재도입에 관한 매우 구체적인 제안들을 접했다. 그런데 이런 것들도 사실은 그저 얼마 안 되는 표본에 불과하다. 독자들은 앙투안 베르뉴의Antoine Vergne의 『간추려 본 제비뽑기를 둘러싼 담론: 바야흐로 제비뽑기의 시대가 도래했는가?A brief survey of the literature on sortition: Is the age of sortition upon us?』나 질 들라누아와 올리버 돌렌의 논문집을 통해 이보다 훨씬 많은 자료들을 얻을 수 있을 것이다. 본문에 등장하는 〈표 5〉도 가장 최근의 제안들로부터 얻은 것이다. 테릴 버리셔스의 논문(「다수 기관 제비뽑기를 통한 민주주의: 현대를 위한 아테네의 교훈Democracy through multi-body sortition: Athenian lessons for the modern day」)으로 말하자면 온라인상에서 얼마든지 열람할 수 있다.

숙의 민주주의에 관한 글들은 차고 넘친다. 나는 그중에서 특히 제임스 피시킨의 가장 최근 저서 『민중이 발언할 때: 숙의 민주주의와 시민 공청회When the People Speak: Deliberative Democracy and Public Consultation』(옥스포드, 2009), 샤를 지라르Charles Girard와 알리스 르 고프Alice Le Goff의 글들을 읽어볼 것을 권한다. 이 주제에 대한 성찰이 가장 최근까지 어떤 진화 과정을 밟아왔는지를 보려면,《공공 참여 국제저널International Journal of Public Participation》, 《공공토론 저널Journal of Public Deliberation》 같은 학술지를 참고하는 것이 좋다.

시민 참여는 해마다 많은 저작물을 낳았다. 필립 더 리크Filip De Ryck와 카롤린 데죄러Karolien Dezeure는 『플랑드르 지방 도시에서의 시민 참여: 혁신적인 참여 정책을 향하여Burgerparticipatie in Vlaamse Steden: Naar een innoverend participatiebeleid』(브뤼헤, 2009)를 집필했고, 조르지 페르뵈프Georges Ferreboeuf는 『도시에서의 시민 참여Participation citoyenne en ville』 (파리, 2011)를 썼다. 네덜란드 국가 행정 조정실에서 발간한 『시민들의 평가에서 배운다. 성공적인 시민 참여를 위한 원칙 연구We gooien het de inspraak in. Een onderzoek naar de uitgangspunten voor behoorlijke burgerparticipatie』(헤이그, 2009), 플랑드르 서부 지역 사회 건설이 펴낸 『결정적으로 다른 방식으로 결정하기. 주민들과의 공동 운영이 지방 행정 당국에 제공하는 부가가치Beslist anders beslissen. Het surplus voor besturen als bewoners het beleid mee sturen』(브뤼헤, 2011) 등을 통해서는 지방 통치 당국의 정책을 위한 소중한 제안들을 접할 수 있다. 보두앵 국왕 재단은 『참여 방식. 사용자를 위한 가이드북Méthodes participatives. Guide de l' utilisateur』(브뤼셀, 2006)이라는 제목의 매우 요긴한 매뉴얼을 펴냈다. 이 내용은 온라인상에서 PDF 파일로 다운받을 수 있다.

네덜란드도 벨기에도 의회 민주주의의 미래에 대한 토론에서 자유로울 수 없다. 플랑드르 지방에 관해서는, 토마스 데크뢰스Thomas Decreus의 『폭풍 속에서 태어나는 낙원. 시장, 민주주의, 저항Een paradijs waait uit de storm Over markt, democratie en verzet』(베르헴, 2013), 마누 클레이스

Manu Claeys의 『반혁신주의. 집권정책, 경영관리자들의 오만, 막후 민주주의Stilstand. Over machtspolitiek, betweterbesstuur en achterkamerdemocratie』(루뱅, 2013)를 참조할 것을 권한다. 네덜란드의 경우, 나는 무엇보다도 빌럼 스힝켈의 『새로운 민주주의. 다른 형태의 정치를 향하여De nieuwe democratie. Naar andere vormen van politiek』(암스테르담, 2012)를 추천한다. 이 보너 존데롭이 쓴 『합의추구 3.0. 네덜란드와 공동선Polderen 3.0. Nederland en het algemeen belang』(뢰스던, 2012)과 헤르디 페르베이트의 『신뢰하는 것은 좋다. 그러나 이해하는 것은 더 좋다Vertrouwen is goed maar begrijpen is beter. Over de vataliteit van onze parlementaiare democratie』(암스테르담, 2012)도 일독을 권한다. 가장 흥미로운 학술 연구는 대다수가 두 권의 논문집에 수록되어 있는데, 그 두 논문집은 루디 안드위그Rudy Andeweg와 자크 토마센Jacques Thomassen이 감수를 맡은 『거름망으로 걸러낸 민주주의. 네덜란드 민주주의의 기능 방식Democratie doorgelicht. Het functioneren van de Nederlandse democratie』(레이던, 2011)과 레미흐 아르츠 Remieg Aerts와 페터르 더 후더Peter De Goede가 편찬한 『저항받는 민주주의. 성공담의 이면에서 드러나는 문제들Omstreden democratie. Over de probemen van een succesverhaal』(암스테르담, 2013년)이다.

민주주의 혁신을 지향하는 일부 기구들은 특히 인터넷상에서 활약이 두드러진다. 이는 특별히 다음과 같은 국제적인 사이트들을 염두에 두고 하는 말이다.

- openDemocracy.net: 비영리 독립 사이트로 매우 높은 수준

의 기고문들을 접할 수 있다.

- participedia.net: 참여 민주주의를 주제로 다루는 매우 중요한 국제적 사이트.
- sortition.net: 역사적인 문헌들이 집대성되어 있으며, 풍부한 링크를 통해 많은 사이트를 검색할 수 있는 매우 요긴한 포털 사이트.
- Equality by Lot(equalitybylot.wordpress.com): 매우 밀도 높은 블로그로 '클레로테리온'에 관한 매우 활발한 넷 공동체가 형성되어 있어서 제비뽑기에 관한 많은 내용을 열람할 수 있다.

그 외에도 점점 더 많은 서구 국가들이 민주주의 혁신의 발판을 마련하고 있으며 흥미진진한 주제들에 집중하는 사이트들이 늘어나고 있다.

- 새로운 민주 절차를 위한 제퍼슨 센터The Jefferson Centre for NEw Democratic Processes(미국): 명칭만으로도 벌써 목적이 명확하게 드러나는 기관.
- 숙의 민주주의 센터Center for Deliberative Democracy(미국): 스탠포드 대학의 제임스 피시킨 센터와 연계된 이 센터는 숙의 여론조사에 관한 믿을 만한 정보들을 제공한다.
- 미국이 말한다AmericaSpeaks와 세계의 목소리GlobalVoices(미국): 대규모 시민포럼 개최. 매우 알찬 사이트.
- newDemocracy.com.au(오스트레일리아): 제비뽑기에 관한 명료한 정보들을 풍성하게 소개한다.

- We the Citizens(아일랜드): 아일랜드에서 시민들이 주동이 되어 대대적으로 만든 사이트.

- 38 Degrees(영국): 시민 참여에 관한 매우 영향력 있는 사이트. 회원이 100만 명이 넘는다.

- Mehr Demokratie(독일): 개설된 지 25년이나 되었음에도 여전히 전투적이며 시민 주도권과 국민투표권을 위해 투쟁하는 사이트.

- Democracy International(유럽연합): 독일에 본부를 둔 유럽연합 총괄 사이트로 여러 해 동안 유럽 시민의 주도권 옹호자를 자처해왔다.

- Teknologi-rådet(덴마크): 덴마크 기술 자문위원회에서 개설한 사이트로 참여 지향적인 많은 계획을 시도하였다. 영어 버전.

- NetwerkDemocratie(네덜란드): 특히 디지털 기술을 활용한 통치 혁신을 지향한다.

- G1000(벨기에): 미래세대재단에 통합된 같은 명칭의 시민단체의 웹사이트로 4개 국어 사용.

- 보두앵 국왕 재단(벨기에): 거버넌스에 관한 장기 프로젝트로 세계적인 명성을 갖게 된 재단의 공식 사이트.

- ¡Democracía Real Ya!(스페인): 2011년 3월의 시민 항거운동에서 탄생한 민주주의 옹호 기구.

- Association pour une démocratie directe(프랑스): 프랑스 국내에서의 투명성 제고를 위해 활동하는 젊고 역동적인 기관의 공

식 웹사이트.

• Le Plan C(프랑스): 여러 해 전부터 정치개혁을 위해 지칠 줄
모르고 활동하는 에티엔 슈아르Étienne Shouard의 웹사이트로, 제비뽑기
관련 논쟁에 있어서 프랑스 내에서는 가장 중요한 사이트.

주

1장 정치를 위협하는 민주주의 피로감 증후군

1. http://www.wvsevsdb.com/wvs/WVSAnalizeQuestion.jsp

2. Eric Hobsbawm, 『Age of Extremes: The Short Twentieth Century, 1914~1991』(Londres, 1995), p.112.(프랑스어판: 『L'Âge des extrêmes, Histoire du court XXe siècle, 1914~1991』, coéd. Le Monde diplomatique/Complexe, 1999, rééd. 2008)(국내에서는 까치글방이 『극단의 시대: 단기 20세기사』라는 제목으로 1997년에 번역 출판했다—옮긴이).

3. Freedom House, 『세계에서의 자유 2013Freedom in the World 2013: Democratic Breaking through in the Balance』(Londres, 2013), pp.28~29.

4. Ronald Inglehart, 'How solid is mass support for democracy and how can we measure it?', PS Online, www.apsanet.org, janvier 2003, pp.51~57.

5. 1999~2000년도에는 질문을 받은 사람들 가운데 33.3퍼센트가 선거 또는 의회의 입장을 고려하지 않아도 되는 강한 지도자라는 개념에 동의했다. 2005~2008년도에는 이 비율이 38.1퍼센트로 올라갔다. 신뢰에 대한 질문의 경우, 2005~2008년도를 보면 정부에 대해서 52.4퍼센트가 신뢰하지 않거나 조금 신뢰한다고 답했으며, 의회에 대해서는 60.3퍼센트가, 정당에 대해서는 72.8퍼센트가 같은 대답을 했다(http://www.wvsevsdb.com/wvs/WVSAnalizeQuestion.jsp).

6. Eurobaromètre, Standard Eurobarometer 78: First Results, automne 2012, p.14(http://ec.europa.eu/public_opinion/archives/eb/eb78/eb_fi-rst_en.pdf).

7. http://www.eurofound.europa.eu/surveys/smt/3eqls/index.EF.php. 언론과

의회, 정부에 관한 통계 수치는 2012년도 조사 결과이며, 정당 관련 숫자는 2007년도 숫자다.

8. Peter Kanne, 『관용적 민주주의. 선거는 여전히 의미 있는가?Gedoogdemocratie. Heeft stemmen eigenlijk wel zin?』(Amsterdam, 2011), p.83.

9. Koen Abts, Marc Swyngedouw et Dirk Jacobs, "정치적 개입과 제도에 대한 불신. 불신의 고리를 끊어야 한다?Politieke betrokkenheid en institutioneel wantrouwen. De spiraal van het wantrouwen doorbroken?", Koen Abts et al., 『새로운 시대, 새로운 인간: 벨기에인들이 일, 가정, 윤리, 종교, 정치에 대해 말한다 Nieuwe tijden, nieuwe mensen: Belgen over arbeid, gezin, ethiek, religie en politiek』(Louvain, 2011), pp.173~214.

10. Luc Huyse, 『시민은 부재 중De niet-aanwezige staatsburger』(Anvers, 1969), pp.154~157.

11. Michael Gallagher, Michael Laver, Peter Mair, 『현대 유럽에서의 대의 통치 Representative Government in Modern Europe』(Maidenhead, 2011), p.306.

12. http://nl.wikipedia.org/wiki/Opkomstplicht[의무적 투표].

13. Koenraad De Ceuninck et al., "정치는 카드놀이: 2012년 10월 14일에 열린 빨간 동그라미*의 축제Politiek is een kaartspel: de bolletjeskermis van 14 oktober 2012", Sampol, n°1, 2013, p.53(*네덜란드와 벨기에에서는 투표 때 자신이 지지하는 정당이나 후보자 이름 앞에 그려진 원을 빨간색으로 칠한다―옮긴이).

14. Yvonne Zonderop, "포퓰리즘은 어떻게 네덜란드에서 뿌리를 내리게 되었나 Hoe het populisme kon aarden in Nederland", Creative Commons, 2012, p.50.

15. David Van Reybrouck, 『포퓰리즘을 위한 변명Pleidooi voor populisme』(Amsterdam, 2008), p.23.

16. Michael Gallagher, Michael Laver, Peter Mair, op. cit., p.311.

17. Paul F. Whitely, "정당의 시대는 끝났는가? 민주 세계를 관류하는 당원주의와 정당 가입 현상의 쇠퇴Is the party over? The decline of party activism and membership across the democratic world", *Party Politics*, vol. 17, n°1(2011), pp.21~44.

18. Ingrid Van Biezen, Peter Mair, Thomas Poguntke, "제대로 되는 건 아무것도 없나? 현대 유럽에서의 정당 가입률 쇠퇴Going, going…… gone? The decline of party membership in contemporary Europe", *European Journal of Political Research*, n°51(2012), pp.33, 38.

19. http://nl.wikipedia.org/wiki/Historisch_overzicht_van_kabinetsformaties_(Nederland)[네덜란드에서의 정부 구성 역사]. 이 주제에 대해서는 Sona N. Golder의 "정부 형성에 소요되는 협상 기간Bargaining Delays in the Government Formation Process", *Comparative Political Studies*, vol. 43, n° 1(2010), pp.3~32도 참조할 것.

20. Hanne Marthe Narud, Henry Valen, "서유럽에서의 연합정부 참여와 차기 선거 결과Coalition membership and electoral performance in Western Europe", communication à la Conférence 2005 de la Nordic Political Science Association(NoPSA), Reykjavik, 2005년 8월 11-13일. Peter Mair의 "정당들은 어떻게 통치하는가How parties govern", conférence à la Central European University, Budapest, 2011년 4월 29일, http://www.youtube.com/watch?v=mgyjdzfcbps, 27분 50초 이후 분량도 참조할 것.

21. 『대중의 신뢰와 신뢰 그 자체. 의회의 자기분석, 2007~2008Vertrouwen en zelfvertrouwen. Parlementaire zelfreflectie 2007~2008』, 31845, n° 2-3, 2008-2009, pp.38~39.

22. Ibid., p.34.

23. Hansje Galesloot, 『찾아내고 오래도록 붙잡아두기. 정치 경영의 인재 모집 Vinden en vasthouden. Werving van politiek en bestuurlijk talent』 (Amsterdam, 2005).

24. Herman Van Rompuy, "침묵과 리더십Over stilte en leiderschap", conférence à Turnhout, 2013년 6월 7일(www.destillekempen.be).

2장 왜 정치는 위협받고 있는가?

1. 이전에 쓴 졸저 『포퓰리즘을 위한 변명Pleidori voor populisme』(Amsterdam, 2008)에서 나는 포퓰리즘의 철회가 아니라 더 나은 포퓰리즘이 필요하다고 주장했다. 포퓰리즘은 방법은 서툴지만 교육을 많이 받지 못한 대중들이 지닌, 사회에 정치적으로 기여하고 싶다는 욕구를 표현한다.

2. Mark Bovens, Anchrit Wille, 『학위민주주의. 능력주의와 민주주의 사이의 알력 Diplomademocratie. Over de spanning tussen meritocratie en democratie』 (Amsterdam, 2011).

3. Raad voor het Openbaar Bestuur(행정위원회) 편에서 인용, 『민주주의에 대한 신뢰Vertrouwen op democratie』(La Haye, 2010), p.38

4. John R. Gibbing, Elizabeth Theiss-Morse, 『은밀한 민주주의: 이상적인 정치체제에 대한 미국인들의 믿음Stealth Democracy: Americans' Beliefs about How Government Should Work』(Cambridge, 2002), p.156.

5. Sarah Van Gelder(éd.), 『이것이 모든 것을 바꾼다: 월 스트리트를 점령하라와 99퍼센트 운동This Changes Everything: Occupy Wall Street and the 99% Movement』(San Francisco, 2011), p.18.

6. Tom Vandyck, 「"타협", 새로운 욕설"Compromis", een nieuw vuil woord」, De Morgen, 2011년 7월 11일, p.13에서 매우 뛰어난 분석을 제시한다.

7. Ibid.

8. Lars Mensel, "불만이 나에게 희망을 준다Dissatisfaction makes me hopeful", Michael Hardt의 인터뷰, 2013년 4월 15일.

9. Lenny Flank(éd.), 『99퍼센트의 목소리: 월 스트리트를 점령하라 운동의 구전역사Voices from the 99 Percent: An Oral History of the Occupy Wall Street Movement』(Saint Petersburg, Floride, 2011), p.91.

10. "월 스트리트를 점령하라" 운동에 관한 최초의 저술들은 굳이 말하자면 자기만족적인 수준이다. Van Gelder와 Flank가 쓴 모음집 외에 나는 Todd Gitlin의 『점령하라 라고 하는 나라: 월 스트리트를 점령하라 운동의 뿌리와 정신, 그리고 약속 Occupy Nation: The Roots, the Spirit, and the Promise of the Occupy Wall Street』(New York, 2012), Writers for the 99%가 공동 집필한 『월 스트리트 점령: 미국을 변화시킨 운동의 숨은 이야기Occupying Wall Street: The Inside Story of an Action that Changed America』(New York, 2011)도 읽었다.

11. Sarah Van Gelder(éd.), 『이것이 모든 것을 바꾼다: 월 스트리트를 점령하라와 99퍼센트 운동This Changes Everything: Occupy Wall Street and the 99% Movement』, op.cit., p.25.

12. Mary Kalder, Sabine Selchow, "유럽에서 지하정치의 부상The 'Bubbing Up' of Subterranean Politics in Europe", *London School of Economics and Political Science*, 2012년 6월, p.10.

13. Ibid., p.12.

14. Lénine, 『국가와 혁명: 마르크스적 국가 이론과 혁명에 있어서 프롤레타리아의 임무L'État et la Révolution: la doctrine marxiste de l'État et les tâches du prolétariat dans la révolution』, éditions sociales, Paris, 1918[1975], pp.68~71.

15. Chris Hedges et Joe Sacco, 『파괴의 날들, 항거의 날들Days of Destruction, Days of Revolt』(New York, 2012), p.232.

16. Pierre Rosanvallon, 『반反민주주의. 도전시대의 정치La Contre-Démocratie.

La politique à l'âge de la défiance』(Seuil, Paris, 2006). 인용된 문장은 Frank Meester와의 인터뷰에서 차용한 것으로, 이 인터뷰는 로장발롱의 책 네덜란드어판 (『Democratie en tegendemocratie』, Amsterdam, 2012)에만 수록되었다.

17. Thomas Frank, "월스트리트 점령 운동은 그 자체와 사랑에 빠졌다Occupy Wall Street, un mouvement tombé amoureux de lui-même", *Le Monde diplomatique*, 2013년 1월.

18. Willem Schinkel, 『새로운 민주주의. 다른 형태의 정치체제를 향하여De nieuwe democratie. Naar andere vormen van politiek』(Amsterdam, 2012), p.168.

19. Stéphane Hessel, 『À nous de jouer. Appel aux indignés de cette terre』 (Paris, 2013), p.63.

20. Christophe Mielke, "독일 해적당: 인터넷 접근 문제에 집착하는 포퓰리스트인가 독일 정치의 판도를 바꿀 규칙 개정자인가?The German Pirate Party: Populists with Internet access or a game-changer for German politics?", APCO/Forum, 2012, www.apcoworldwide.com/forum.

21. http://g500.nl.

22. Fiona Ehlers et al., "유럽의 잃어버린 세대가 자신의 목소리를 발견하다Europe's loste generation finds its voice", *Spiegel Online*, 2013년 3월 13일.

23 그러기 위해 이들은 다른 무엇보다도 정보통신이라는 도구liquid feedback와 이들이 내세우는 '위임 민주주의'라는 개념을 활용했다.

24. David Van Reybrouck, 「질식사 위협에 시달리는 민주주의: 선거 근본주의의 위험성De democratie in ademnood: de gevaren van electoraal fundamentalisme」, 레이던대학교의 클레베링아 강좌 제1강, 2011년 11월 28일.

25. Pierre Rosanvallon, 『민주주의적 정당성. 불편부당, 자기반성, 근접성La L'égitimité démocratique. Impartialité, réflexivité, proximité』(Seuil, Paris,

2008), p.42.

26. Edmund Burke, "브리스톨 유권자들을 위한 연설Speech to the Electors of Bristol", 1774, press-pubs.uchicago.edu/founders/docu-ments/v1ch13s7.html.

27. Jean-Jacques Rousseau, 『사회계약론Du contrat social』[Paris, 1762(2005)], liv.IV, ch. II, p.261.

28. Lars Mensel, "불만이 나에게 희망을 준다Dissatisfaction makes me hopeful", art. cit.

29. Colin Crouch, 『포스트민주의Post-Democracy』(Cambridge, 2004), p.4.

30. Marc Michils, 『열린 책. 투명한 세상에서의 정직한 광고Open boek. Over eerlijke reclame in een transparante wereld』(Louvain, 2011), pp.100~101.

31. Jan De Zutter, "지휘권을 쥔 건 시민들이다Het zijn de burgers die aan het stuur zitten", 인터뷰, *Samenleving en politiek*, n°3(2013), p.24.

3장 민주주의의 작은 역사, 선거로 축소된 민주주의

1. 우리가 아테네 민주주의에 대해 새롭게 관심을 갖게 된 건 덴마크 출신 철학자 M. H. Hansen의 역작 『데모스테네스 시대의 아테네 민주주의The Athenian Democracy in the Age of Demosthenes』(Oxford, 1991) 영어 번역판이 출간된 덕분이다. 기원전 4세기로 거슬러 올라가는 자료들을 매우 상세하게 분석한 원본은 총 6권으로 이루어진 대작이다.

2. Bernard Manin, 『대의 통치의 원칙Principes du gouvernement représentatif』(Calmann-Lévy, Paris, 1995), pp.125, 306(édi. de 2012).

3. 참고문헌을 참조할 것.

4. Aristote, 『정치학Politique』, 1294b9, 1294b33, 1317b1-4.

5 Terrill Bouricius, "다수 기관 제비뽑기를 통한 민주주의: 현대를 위한 아테네의 교훈Democracy through multi-body sortition: Athenian lessons for the

modern day", *Journal of Public Deliberation*, vol.9, n°1(2013), art. 11.

6. Miranda Mowbray, Dieter Gollman, "베네치아의 도제 선출: 13세기에 통용되던 의전 분석Electing the Doge of Venice: analysis of a 13th century protocol", 2007, www.hpl.hp.com/techreports/2007/HPL-2007-28R1.pdf.

7. Yves Sintomer, 『민주주의적 경험의 간략한 역사. 아테네의 제비뽑기와 정치에서 오늘날에 이르기까지Petite histoire de l'expérience démocratique. Tirage au sort et politique d'Athènes à nos jours』(La Découverte, Paris, 2011), p.86.

8. Hubertus Buchstein, 『민주주의와 추첨: 정치적 결정을 위한 도구로서의 제비뽑기. 고대부터 유럽연합에 이르기까지Demokratie une Lotterie : Das Los als politisches Entscheidungsinstrument von der Antike bis zur EU』(Francfurt, 2009), p.186.

9. Montesquieu, 『법의 정신De l'esprit des lois』, t. I, liv. Ⅱ, chap. Ⅱ, Barillot & Fils, Genève, 1748, pp.17~18.

10. Jean-Jacques Rousseau, 1762: 사회계약론Du contrat social, ou Principes du droit politique. 인터넷 사이트 classiques.uqac.ca/classiques/Rousseau_jj/contrat_social/Contrat_social.pdf에 수록된 내용 가운데에서 인용.

11. Bernard Manin, 『대의 통치의 원칙Principes du gouvernement représentatif』, op.cit., p.108(Édition de 2012).

12. Montesquieu, 『법의 정신De l'esprit des lois』, op. cit., p.13.

13. John Adams, 『존 애덤스 문집The Works of John Adams』(Boston, 1851), vol.6, p.484.

14. James Madison, 「연방주의자 논집Federalist Paper」n°10(1787)(press-pubs.uchicago.edu/founders/documents/v1ch4s19.html).

15. Francis Dupuis-Déri, 『민주주의. 미국과 프랑스에서 이 단어의 정치사Démocratie. Histoire politique d'un mot aux États-Unis et en France』

(Montréal, 2013), p.138에서 재인용.

16. Ibid., p.149.

17. Howard Zinn, 『미국 민족의 역사Geschiedenis van het Amerikaanse volk』 (Berchem, 2007), p.117.

18. Francis Dupuis-Déri, 『민주주의. 미국과 프랑스에서 이 단어의 정치사 Démocratie. Histoire politique d'un mot aux États-Unis et en France』 (Montréal, 2013), p. 138에서 재인용.

19. 더 깊이 있는 분석을 원한다면, Howard Zinn의 『미국 민족의 역사 Geschiedenis van het Amerikaanse volk』, op.cit.와 Francis Dupuis-Déri, 『민주주의. 미국과 프랑스에서 이 단어의 정치사』, op. cit.를 참조할 것.

20. James Madison, 『연방주의자 논집Federalist Papers』 no.57(1788)(press-pubs.uchicago.edu/founders/documents/v1ch4s26.html).

21. Bernard Manin, 『대의 통치의 원칙Principes du gouvernement représentatif』, op. cit., p.168(Édition de 2012).

22. Francis Dupuis-Déri, 『민주주의. 미국과 프랑스에서 이 단어의 정치사 Démocratie. Histoire politique d'un mot aux États-Unis et en France』, op. cit., p.155에서 재인용.

23. Ibid., p.141에서 재인용.

24. Ibid., p.112.

25. Edmund Burke, Reflections on the Revolution in France(1790), www.constitution.org/eb/rev_fran.htm.

26. Daniel Amson, 『프랑스 헌법사. 바스티유에서 워털루까지Histoire constitutionnelle française. De la prise de Bastille à Waterloo』(LGDJ, Paris, 2010), p.235.

27. Francis Dupuis-Déri, 『민주주의. 미국과 프랑스에서 이 단어의 정치사

Démocratie. Histoire politique d'un mot aux États-Unis et en France』, op. cit., p.156에서 재인용.

28. Yves Sintomer, 『민주주의적 경험의 간략한 역사Petite histoire de l'expérience démocratique』, op. cit., p.120에서 재인용.

29. Alexis de Tocqueville, 『미국의 민주주의De la démocratie en Amérique』 〔1835(2012)〕, liv.1er, 1ère partie, chap. Ⅷ.

30. Ibid., liv. 1er, 1ère partie, chap.VIII.

31. 나는 E. H. Kossmann, 『북부와 남부 네덜란드 1780~1980. De Lage Landen 1780~1980 deel 1』(Amsterdam, 2001); Marc Reynebeau, 『벨기에 역사Een geschiedenis van België』(Tielt, 2003); Rolf Falter, 『1830. 네덜란드, 벨기에, 룩셈부르크의 분리1830. De scheiding van Nederland, België en Luxemburg』(Tielt, 2005); Els Witte, Jean-Pierre Nandrin, Éliane Gubin et Gita Deneckere, 『벨기에의 새로운 역사, 1부: 1830~1905Nieuwe geschiedenis van België, deel 1: 1830-1905』(Tielt, 2005); Els Witte, Jan Craeybeckx, Alain Meynen, 『벨기에 정치사: 1830년부터 오늘날까지Politieke geschiedenis van België: van 1830 tot heden』(Anvers, 2005) 등을 토대로 이 부분을 집필했다.

32. Rolf Falter, 『1830. 네덜란드, 벨기에, 룩셈부르크의 분리1830. De scheiding van Nederland, Belgie en Luxemburg』, op. cit., p.203.

33. E. H. Kossmann, 『북부와 남부 네덜란드 1780~1980. De Lage Landen 1780~1980, deel 1』, op. cit., p.137.

34. John Gilissen, "1831년 벨기에 헌법: 그 원천과 영향력La Constitution belge de 1831: ses sources, son influence", Res Publica, hors série, 1968, pp.107~141. 또한 P. Lauvaux, "차르노보 헌법의 원천이 된 벨기에 헌법La Constitution belge aux sources de la Constitution de Tarnovo", L'union fait la force. 『벨기에 헌법과 불가리아 헌법의 비교 연구Étude comparée de la

Constitution belge et de la Constitution bulgare』(Bruxelles, 2010), pp.43~54,
Asem Khalil, 『팔레스타인의 법 제도를 위해서는 어떤 헌법이 필요한가?Which
Constitution for the Palestinian Legal System?』(Rome, 2003), p.11도 참조할 것.

35. Zachary Elkins, "유럽의 헌법 제정과 보급Diffusion and the Consti-
tutionalization of Europe", Comparative Political Studies 43, 8/9(2010), p.988.

36. J. A. Hawgood, "자유주의와 헌법의 발전Liberalism and constitutional
developments", *The New Cambridge Modern History, vol X: The Zenith of
European Power, 1830~70*(Cambridge, 1960), p.191.

37. Hendrik Conscience, 『징집병De Loteling』(Anvers, 1850).

38. James W. Headlam, 『아테네에서 통용된 제비뽑기를 통한 선거Election by Lot
at Athens』(Cambridge, 1891), p.1.

39. Francis Fukuyama, 『역사의 종말The End of History and the Last Man』(New
York, 1992), p.43. 프랑스어판 La Fin de l'Histoire et le dernier
homme(Flammarion, Paris, 1992).

4장 제비뽑기, 새로운 민주주의의 가능성

1. David Holmstrom, "'진정한 민중의 목소리'를 창조하기 위한 새로운 유형의 조
사New kind of poll aims to create an 'authentic public voice'", *The Christian
Science Monitor*, 1995년 8월 31일; James S. Fishkin, Robert C. Luskin, "민주주
의 이상향 실험: 숙의 민주주의와 여론Experimenting with a democratic ideal:
deliberative polling and public opinion", *Acta Politica*, 40(2005), p.287.

2. Daniel M. Merkle, "국가 현안 컨벤션 숙의 조사The National Issues
Convention deliberative poll", *Public Opinion Quarterly*, 60(1996),
pp.588~619.

3. John Gastil, 『국가 현안 컨벤션의 숙의: 관찰자의 기록Deliberation at the

National Issues Convention: An observer's Notes』(Kettering Foundation, 1996).

4. David Holmstrom, "'진정한 민중의 목소리'를 창조하기 위한 새로운 유형의 조사New kind of poll aims to create an 'authentic public voice'", *The Christian Science Monitor*, 1995년 8월 31일.

5. 캐나다, 오스트레일리아, 북아일랜드, 덴마크, 이탈리아, 헝가리, 불가리아, 그리스, 폴란드에서는 유럽연합에 관한 시민 토론회가 열렸으며, 브라질, 아르헨티나, 일본, 한국, 마카오, 홍콩, 심지어 중국에서도 시민 토론회가 반향을 얻고 있다. www.cdd.stanford.edu를 참조할 것.

6. Janette Hartz-Karp, Lyn Carson, "시민들을 정치에 참여시키기: 오스트레일리아 시민의회Putting the people into politics : the Australian Citizens' Parliament", *International Journal of Public Participation*, 3(2009), p.18.

7. Manon Sabine De Jongh, 「선거제도 개혁을 위한 시민집회의 집단 역학Group dynamics in the Citizens' Assembly on Electoral Reform」(박사학위논문, Utrecht, 2013), p.53.

8. 이것은 내가 브리티시컬럼비아 주의 시민집회 프로젝트 책임자인 케네스 카티와 2012년 12월 13일 루뱅에서 대화를 나누던 중에 떠오른 생각이다.

9. Manon Sabine De Jongh, 「선거제도 개혁을 위한 시민집회의 집단 역학Group dynamics in the Citizens' Assembly on Electoral Reform」(박사학위논문, Utrecht, 2013), pp.53~55.

10. Lawrence LeDuc, "캐나다의 선거제도 개혁과 직접 민주주의: 시민들이 개입할 경우Electoral reform and direct democracy in Canada : when citizens become involved", *West European Politics*, 34, 3(2011), p.559.

11. Ibid., p.563.

12. John Parkinson, "불안한 요소: 숙의 민주주의에 있어서 미디어의 활용Rickety

bridges: using the media in deliberative democracy", *British Journal of Political Science*, 36(2006), pp.175~183.

13. Eirikur Bergmann, "아이슬란드의 새 헌법 제정: 위기 발발로 긴박해진 헌법 개정Reconstitution Iceland: constitutional reform caught in a new critical order in the wake of crisis", 한 회견에서 발표된 개회사(Leyde, 2013년 1월).

14. http://en.wikipedia.org/wiki/Iceland_Constitutional_Assembly_election_2010.

15. 《De Standaard》, 2012년 12월 19일자.

16. Antoine Vergne, "간추려 본 제비뽑기를 둘러싼 담론: 바야흐로 제비뽑기의 시대가 도래했는가?A brief survey of the literature on sortition: is the age of sortition upon us?", Gil Delannoi, Oliver Dowlen(éd.), 『제비뽑기: 이론과 실행 Sortition: Theory and Practice』, Exeter(2010), p.80. 이 글에서 베르뉴는 16가지를 소개했고, 최근 들어 몇 가지가 더해졌다.

17. 미국의 경우: Ernest Callenbach, Michael Phillips, 『시민입법A Citizen Legislature』(Berkeley, 1985, nouvelle édi. Exeter, 2008); John Burnheim, 『민주주의는 가능한가? 선거 정치에 대한 대안Is Democracy possible? The Alternative to Electoral Politics』(Londres, 1985, 온라인상에 전문 게재) ; Ethan J. Leib, 『미국의 숙의 민주주의 : 현행 정치체제에 서민 분파 창설 제안Deliberative Democracy in America: A Proposal for a Popular Branch of Government』 (Philadelphia, 2005) ; Kevin O'Leary, 『민주주의 구하기: 미국에 있어서 실질적인 대표성 확립을 위한 제안Saving Democracy: A Plan for Real Presentation in America』(Stanford, 2006). 영국의 경우: Anthony Barnett, Peter Carty, 『아테네 방식: 상원의 전폭적인 개혁The Athenian Option: Radical Reform for the House of Lords』(Londres, 1998: nouvelle éd. Exeter, 2008) ; Alex Zakaras, "제비뽑기와 민주적 대표성: 소박한 제안Lot and democratic representation: a modest

proposal", *Costellation*, 17, 3(2010) ; Keith Sutherland, 『시민의회: (새로 고친) 매우 영국적인 혁명의 청사진A People's Parliament: A (Revised) Blueprint of a Very English Revolution』(Exeter, 2008) ; Keith Sutherland, "제비뽑기: 할 수 있는 것과 할 수 없는 것What sortition can and cannot do" (2011,http://ssrn.com/abstract=1928927). 프랑스의 경우: Yves Sintomer, 『민주주의적 경험의 간략한 역사. 아테네의 제비뽑기와 정치에서 오늘날에 이르기까지 Petite histoire de l'expérimentation démocratique. Tirage au sort et politique d'Athènes à nos jours』(La Dàcouverte, Paris, 2011). 유럽연합의 경우: Hubert Buchstein, 『민주주의와 추첨: 정치적 결정을 위한 도구로서의 제비뽑기. 고대부터 유럽연합에 이르기까지Demokratie und Lotterie: Das Los als politisches Entscheidungsinstrument von der Antike bis zur EU』(Francfurt-New York, 2009) ; Hubert Buchstien et Michael Hein, "임의적 유럽을 위하여: 유럽연합을 개혁하는 수단으로서의 제비뽑기Randomizing Europe: The Lottery as a political instrument for a reformed European Union", Gil Delannoi, Oliver Dowlen(éd.), 『제비뽑기: 이론과 실행Sortition: Theory and Practice』, op.cit.(2010), pp.119~155.

18. Ernest Callenbach, Michael Phillips, 『시민입법A Citizen Legislature』, Exeter, 1985(2008), p.67.

19. 칼렌바크-필립스의 제안에 비해서 또 하나의 차이점은 정당 대표들도 '동료원'의 의석을 차지할 수 있도록 하자는 점이다. 정당 대표들은 제비뽑기를 통해 선발되는 것이 아니라 시민포럼과 정당 간에 매개 역할을 하기 위해 임명되어야 한다고 보았다. 아일랜드의 헌법에 관한 컨벤션에서 보았던 것과 유사하다. 바넷과 카티는 최대한의 다양성을 확보하기 위해 제비뽑기를 하되 최대한 매력적인 보상 조건(높은 급여, 고용주들의 보상)을 내걸어야 한다고 주장한 점에서는 미국인들과 같은 입장이나, 군복무 또는 시민배심원의 경우처럼 그것이 의무적이 되어서는 안 된다고 생

각한다.

20. Anthony Barnett, Peter Carty, 『아테네 방식: 상원의 전폭적인 개혁The Athenian Option : Radical Reform for the House of Lords』, op. cit., p.22.

21. Keith Sutherland, "제비뽑기: 할 수 있는 것과 할 수 없는 것What sortition can and cannot do", art., cit. 아울러 Keith Sutherland, 『시민의회: (새로 고친) 매우 영국적인 혁명의 청사진A People's Parliament : A (Revised) Blueprint for a Very English Revolution』, op.cit.도 참조할 것.

22. Yves Sintomer, 『민주주의적 경험의 간략한 역사. 아테네의 제비뽑기와 정치에서 오늘날에 이르기까지Petite histoire de l'expérimentation démocratique. Tirage au sort et politique d'Athène à nos jours』, op. cit., p.235.

23. Hubertus Buchstein, 『민주주의와 추첨: 정치적 결정을 위한 도구로서의 제비뽑기. 고대부터 유럽연합에 이르기까지Demokratie une Lotterie : Das Los als politisches Entscheidungsinstrument von der Antike bis zur EU』, op.cit., p.448.

24. Terrill Bouricius, "다수 기관 제비뽑기를 통한 민주주의: 현대를 위한 아테네의 교훈Democracy through multi-body sortition: Athenian lessons for the modern day", *Journal of Public Deliberation*, vol.9, n°1(2013), art. 11, p.5.

25. Terrill Bouricius, David Schecter, "정치 체제에서 입법 분야의 활동을 위한 이상화된 구상An idealized design for the legislative branch of government", *Systems Thinking World Journal*, 2(2013), p.1.

26. John Keane, 『민주주의의 삶과 죽음The Life and Death of Democracy』 (Londres, 2009), p.737.

27. Alex Guerrero, "제비뽑기제라는 대안The Lottocratic Alternative", 미발간 원고.

28. "마음과 마음의 만남Meeting of the Minds" en 2005, 유럽 시민 여론조사

2007, 2009.

29. 엄밀하게 말하자면 3개의 언어 공동체(플라망어권, 프랑스어권, 독일어권)와 3개 지방(플랑드르, 브뤼셀-수도, 왈로니)이 관련되어 있다. 수도 브뤼셀은 프랑스어와 네덜란드어, 이렇게 두 언어를 공식적으로 채택하고 있다. 왈로니에서는 프랑스어 외에 동부 지역 중심으로 독일어도 사용한다.

30. 이 주장은 다음과 같은 이유에서 정당화될 수 있다. ① 벨기에는 규모가 크지 않은 작은 나라로서 제비뽑기를 시험해볼 만하다(국내에서 이동 거리가 너무 길지 않으며, 수도가 국토의 중앙부에 위치하고 있고, 관리 감독을 위한 유럽연합 기관들이 가까이 포진하고 있다). ② 국가에서 공식언어로 채택한 언어만도 세 가지인 데다, 실제로는 그보다 훨씬 다양한 언어가 국내에서 통용되고 있음을 고려할 때, 학자들이 '분리된 사회에서의 숙의 민주주의'라고 지칭하는 현실 안에서 그러한 시도를 한다는 것은 굉장한 도전정신을 야기한다. ③ 벨기에는 정치개혁 전통을 이어오는 나라로 1831년 헌법뿐만 아니라 집단학살법, 동성결혼법, 안락사법 같은 예에서 보듯이 유럽연합 다른 회원국들에 비해서 적어도 10년은 앞서 있다. ④ 복잡한 인구 구성 때문에 헌법 제정에서도 일찌감치 최첨단 기술이 도입되었다. 예를 들어 벨기에가 정해 놓은 각종 '정족수' 관련 원칙 등은 현재 유럽연합 차원에서도 차용하고 있다. ⑤ 입법과 헌법 차원에서 볼 때, 벨기에는 항상 유럽 타국가들에게 실험실 역할을 해왔다. ⑥ 통치 당국과 주민은 양측 모두 현대화를 지향하는 시민 참여 기제에 익숙해져 가고 있다. 민주주의 혁신은 벨기에에서는 더 이상 금기 사항이 아닌데, 이는 막강한 시민사회(노동조합, 고용주 단체, 청년, 여성 운동, 가족협회 등)와 여러 재단과 기관들(보두앵 국왕 재단, 미래세대재단, G1000, 환경 지속 가능한 발전, 공중보건, 사회, 기술 등의 주제를 가지고 시민 참여적 각종 프로젝트를 진행한 Netwerk Participatie, le Vlaams Instituut Samenleving en Technologie, Straten Generaal, Ademloos, De Wakkere Burger, Kwadraet 등)이 벌인 활동, 수준 높은 국제적 연구(Didier Caluwaerts, Min Reuchamps, Filip De Rynck), 시민 참여

적 프로젝트와 거기에 동행해준 다양한 강소 전문기업들(Levuur, Glassroots, Athanor-Méditation, Tri.Zone), 성공적으로 마무리된 무수히 많은 형태의 시민 참여 작업(마을, 지역, 지방 등의 여러 층위에서 얻은 성과) 덕분이다.

31. John Keane, 『민주주의의 삶과 죽음The Life and Death of Democracy』, op. cit., pp.695~698.

함께 읽으면 좋은 갈라파고스의 책들

『왜 세계의 절반은 굶주리는가?』
유엔 식량특별조사관이 아들에게 들려주는 기아의 진실
장 지글러 지음 | 유영미 옮김 | 우석훈 해제 | 주경복 부록 | 202쪽 | 9,800원
★ 한국간행물윤리위원회, 책따세 선정도서 | 법정스님, 한비야 추천도서

120억의 인구가 먹고도 남을 만큼의 식량이 생산되고 있다는데 왜 하루에 10만 명
이, 5초에 한 명의 어린이가 굶주림으로 죽어가고 있는가? 이런 불합리하고 살인적
인 세계질서는 어떠한 사정에서 등장한 것일까? 그 책임은 누구에게 있을까? 학교
에서도 언론에서도 아무도 알려주지 않는 기아의 진실! 8년간 유엔 인권위원회 식
량특별조사관으로 활동한 장 지글러가 기아의 실태와 그 배후의 원인들을 대화 형
식으로 알기 쉽게 조목조목 설명했다.

『지식의 역사』
과거, 현재, 그리고 미래의 모든 지식을 찾아
찰스 밴 도렌 지음 | 박중서 옮김 | 924쪽 | 35,000원
★ 한국간행물윤리위원회 선정도서/ 한국경제신문, 매일경제, 교보문고 선정 2010년 올해의 책

문명이 시작된 순간부터 오늘날까지 인간이 생각하고, 발명하고, 창조하고, 고민하
고, 완성한 모든 것의 요약으로, 세상의 모든 지식을 담은 책. 인류의 모든 위대한 발
견은 물론이거니와, 그것을 탄생시킨 역사적 상황과 각 시대의 세심한 풍경, 다가올
미래 지식의 전망까지도 충실히 담아낸 찰스 밴 도렌의 역작이다.

『물질문명과 자본주의 읽기』
자본주의라는 이름의 히드라 이야기
페르낭 브로델 지음 | 김홍식 옮김 | 204쪽 | 12,000원

역사학의 거장 브로델이 우리가 미처 알지 못했던 자본주의의 맨얼굴과 밑동을 파헤친 역작. 그는 자본주의가 이윤을 따라 변화무쌍하게 움직이는 카멜레온과 히드라 같은 존재임을 밝혀냄으로써, 우리에게 현대 자본주의의 역사를 이해하고 미래를 가늠해볼 수 있는 넓은 지평과 혜안을 제공하였다. 이 책은 그가 심혈을 기울인 '장기지속으로서의 자본주의' 연구의 결정판이었던 『물질문명과 자본주의』의 길잡이판격으로 그의 방대한 연구를 간결하고 수월하게 읽게 해준다.

『현대 중동의 탄생』
데이비드 프롬킨 지음 | 이순호 옮김 | 984쪽 | 43,000원

미국 비평가협회상과 퓰리처상 최종선발작에 빛나는 이 책은 분쟁으로 얼룩진 중동의 그늘, 그 기원을 찾아가는 현대의 고전이다. 종교, 이데올로기, 민족주의, 왕조 간 투쟁이 끊이지 않는 고질적인 분쟁지역이 된 중동이 어떻게 형성되었는지를 명쾌하게 제시해준다. 이 책은 중동을 총체적으로 이해하게 해주는 중동 문제의 바이블로 현대 중동 문제를 이해하기 위한 필독서다.

『푸코, 바르트, 레비스트로스, 라캉 쉽게 읽기』
교양인을 위한 구조주의 강의
우치다 타츠루 지음 | 이경덕 옮김 | 224쪽 | 12,000원

구조주의란 무엇인가에서 출발해 구조주의의 기원과 역사, 그 내용을 추적하고, 구조주의의 대표적 인물들을 한자리에 불러 모아 그들 사상의 핵심을 한눈에 들어오도록 정리한 구조주의에 관한 해설서. 어려운 이론을 쉽게 풀어 쓰는 데 일가견이 있는 저자의 재능이 십분 발휘된 책으로, 구조주의를 공부하는 사람이나 구조주의에 대해 알고 싶었던 일반 대중 모두 쉽고 재미있게 읽을 수 있는 최고의 구조주의 개론서이다.

국민을 위한 선거는 없다

1판 1쇄 인쇄 2016년 1월 11일
1판 1쇄 발행 2016년 1월 18일

지은이 다비트 판 레이브라우크 | 옮긴이 양영란

기획 임병삼 | 편집 김지환 백진희 | 마케팅 · 홍보 김단희 | 표지 디자인 가필드

펴낸이 김경수 | 펴낸곳 갈라파고스
등록 2002년 10월 29일 제13-2003-147호
주소 121-838 서울시 마포구 토정로 13-1(합정동) 국제빌딩 5층
전화 02-3142-3797 | 전송 02-3142-2408
전자우편 galapagos@chol.com

ISBN 979-11-87038-00-9 03340

이 도서의 국립중앙도서관 출판예정도서목록(CIP)은 서지정보유통지원시스템 홈페이지
(http://seoji.nl.go.kr)와 국가자료공동목록시스템(http://www.nl.go.kr/ko lisnet)에서 이용
하실 수 있습니다. (CIP 제어번호: CIP2015036066)

갈라파고스 자연과 인간, 인간과 인간의 공존을 희망하며, 함께 읽으면 좋은 책들을 만듭니다.